Thomas Schlechter

Punktgenau in Bestform

Mit mentalen Shortcuts schneller besser werden

BLUE WING VERLAG

Blue Wing Verlag, Wiesloch
November 2012

Autor: Thomas Schlechter
Fotos und Zeichnungen: Thomas Schlechter
Fotoverzeichnis: Armin Schwarz
Satz & Layout: publisher-service.de, Köln
Titelfoto: Christina Schmidt-Reisbeck

Haftungsausschluss
Dieses Buch vermittelt Informationen und Methoden, die der Autor nach bestem Wissen und Gewissen zusammengestellt hat. Doch nur Sie selbst können beurteilen, ob die Methoden und Vorschläge auf Ihre Lebenssituation passend und hilfreich sind. Der Autor kann in keinem Falle für Interpretationen und Ausführungen dieser Methoden verantwortlich gemacht werden. Verantwortlich für das eigene Handeln ist immer die betreffende Person selbst. Der Autor, seine Rechtsnachfolger und der Verlag übernehmen keinerlei Haftung für eventuelle direkte oder indirekte Schäden oder Verluste, die durch den Inhalt des Buches verursacht werden.

ISBN 978-3-942202-02-2

BLUE WING VERLAG
Heinrich-Zimmermann-Str. 4
69168 Wiesloch
mail@blue-wing-verlag.de

Für

Alexandra,

Franziska

und

Katharina

Der „Beipackzettel" – der Warnhinweis für dieses Buch

Die hier beschriebenen mentalen Shortcuts wirken, wenn Sie psychisch gesund sind und wenn Sie diese konsequent anwenden. Vielleicht werden Sie sich erschrecken, weil Sie nicht gedacht hätten, dass die Techniken so schnell und effektiv wirken. Etwas Verwunderung ist also ganz normal. Nebenwirkungen: Wer dieses Buch liest und nur einen Tipp konsequent anwendet, ist danach nicht mehr, wie er vorher war!

Vorsicht: Die Übungen sind nicht geeignet für Menschen, die unter akuter psychischer Not leiden, da dadurch solche Gefühle verstärkt werden könnten! Für den Fall, dass Sie unter psychischen Störungen leiden, sollten Sie wie bei allen mentalen Techniken vorsichtig sein. Im Zweifelsfall fragen Sie Ihren Arzt oder Ihren Therapeuten.

Der Autor verzichtet zur leichteren Lesbarkeit auf eine gleichberechtigte Formulierung. Wo immer Sie männliche Ansprache finden, stellen Sie sich bitte auch die weibliche vor.

Einleitung 7
Was ist ein mentaler Shortcut? 10
Mit mentalen Shortcuts sind Sie schneller als Ihre Mitbewerber 11
In welchen Leistungs-/Stresssituationen passen welche Shortcuts? 13
Wie funktionieren mentale Shortcuts? 14
Sitzen Sie im Pawlowschen Käfig? 15
Warum fallen Veränderungen so schwer? 18
Befreien Sie sich aus dem Pawlowschen Käfig 19
Das Gesetz von Ursache und Wirkung 20
Bedenken gegen Selbstprogrammierung 21
Das richtige Training macht den Unterschied 22

Die 12 Basic-Shortcuts:
1. Ent-Sorgen
Wie Sie die größten Mentalbremsen hinter sich lassen 27
2. „Moment of Excellence“
Der Ur-Shortcut schlechthin aus dem NLP 35
3. Ego überwinden
Klarer sehen, schneller am Ziel 41
4. Reframing
Neue Perspektiven eröffnen neue Chancen 49
5. Lebensfreude
Glücksgefühle als Beflügler nutzen 57
6. Begeisterung
Oder der Unterschied zwischen gut und exzellent 65
7. Zielsetzung
Zugespitzt mit mehr Überzeugungskraft handeln 71
8. Konzentration
Die Aufmerksamkeit auf das Wesentliche lenken 81
9. Flow
Der kreative Beschleuniger 89
10. Selbstbewusstsein
Im Glauben an sich stark 95
11. Entstressen
Stressoren erkennen und regulieren 103
12. Geduld
Sich Zeit nehmen, um souveräner zu sein 117

Kurzformeln im Überblick 127
Schlusswort 130
Literaturliste 132

„Willst du wissen, wer du sein wirst, so schau, was du tust."

Buddha

Einleitung

Einfach, effektiv, einprägsam zum Erfolg

Seit Jahren arbeite ich mit Klienten, die ganz schnell neue mentale Fähigkeiten erlernen müssen. Zum Beispiel mit Sportlern. Sie wünschen sich solche Turbotechniken, um schnell Leistung abrufen oder im Wettkampf Stress regulieren zu können. Die Techniken müssen sehr simpel sein, da einige der Sportler, die ich betreue, sehr jung sind. Andere verfügen neben ihrer Sportart über keine sehr hohe Auffassungsgabe. Aus diesem Grund habe ich die mentalen Shortcuts entwickelt. Ich setze sie als mentale Techniken in meinem beruflichen Alltag als Coach ein, um blitzschnell die gewünschten Ergebnisse zu erzielen. Nicht nur für Spitzensportler, sondern auch für Unternehmer, Manager, Selbstständige und Mitarbeiter. Denn auch Problemsituationen und Kraftanstrengungen im Job lassen sich damit wesentlich einfacher bewältigen.

Die Arbeitswelt fordert immer noch mehr Höchstleistung und Exzellenz! Das hat mit veränderten Strukturen in den Unternehmen zu tun, mit einer multimedialen Informationsflut und Beschleunigern wie Globalisierung, Kommunikation 2.0 und permanenter Erreichbarkeit.

Dieses dauerhafte „On"-Sein, gepaart mit einem Stakkato multimedialer Unterbrechungen im Tagesablauf, führt zu psychischen Belastungen. Daher beschäftigt sich einer meiner mentalen Shortcuts mit dem Thema Konzentration. Damit können Sie Ihre Aufmerksamkeit sofort auf das Wesentliche lenken. Sie steuern, welches Fenster auf Ihrem inneren Desktop geöffnet wird und welches nicht.

Seit meinem Studium an der Deutschen Sporthochschule in Köln beschäftige ich mich mit den Phänomenen von Spitzenleistung, Motivation und mentalen Prozessen. Doch Hochschulen bieten in der Regel viel Theorie und wenig Anleitung für die Praxis. Nach Abschluss meines Studiums eignete ich mir weitere psychologi-

sche Techniken unterschiedlicher Fachrichtungen an. Unter anderem die Transaktionsanalyse, NLP (Neurolinguistisches Programmieren), und Wissen aus dem Bereich des Leistungstrainings. Die psychologischen Techniken kombinierte ich mit körperbezogenen Verfahren wie der progressiven Muskelrelaxation, rhythmischen Elementen und Yoga, um Körper, Geist und Gefühl einheitlich anzusprechen.
Kaum hatte ich eine neue Übung, experimentierte ich damit am lebenden Objekt. Freunde und aufgeschlossene Coaching-Klienten waren meine ersten Versuchspersonen. So entwickelte und verfeinerte ich die mentalen Shortcuts. Alle Shortcuts stammen also aus der Praxis und gehen auf reale Situationen zurück. Viele meiner Klienten schätzen meine Diskretion und möchten nicht, dass unsere Zusammenarbeit bekannt wird. Ein Hauptgrund liegt im Wettbewerbsvorteil. Sie sind nach dem Training begeisternder im Verkauf, zielgerichteter im Gespräch und schneller aufgeladen bei Stress. Das möchten sie natürlich nicht an die große Glocke hängen. Andere möchten einfach nicht, dass bestimmte Aspekte ihres Lebens an die Öffentlichkeit dringen. Aus diesem Grund habe ich bei manchen Beispielen die Namen und Sportarten so verfremdet, dass niemand nachvollziehen kann, um wen es sich handelt.
Grundsätzlich entwickelte ich die mentalen Shortcuts in der Weise, wie Antoine de Saint-Exupéry (1900–1944) das so vortrefflich auf den Punkt gebracht hat, wenn er schreibt: „Technik entwickelt sich immer vom Primitiven über das Komplizierte zum Einfachen.“ In meinem Leben und bei der Arbeit mit meinen Klienten dreht sich viel um die Frage: Wie wirst du schneller besser? Dabei musste ich feststellen, dass nicht alle Wege nach Rom führen. Nein. Manche Wege waren gar der „Highway to Hell.“ Und auch wenn viele Wege tatsächlich ans Ziel führen, stellt sich immer die Frage – vor allem in dieser, unserer schnelllebigen Zeit: Welches ist die sicherste und kürzeste Anreise? Kürze und Würze zeichnet alle zwölf Shortcuts aus.

Sie alle besitzen vier „e“ntscheidende Vorteile, sie sind:
einfach, effektiv, einprägsam, erfolgreich.

- **Einfach**. Mentale Shortcuts sind einfache Formeln. Ihr Inhalt reduziert sich auf das Notwendigste. Unnötiges bleibt weg. Ein Shortcut passt sogar auf einen Bierdeckel. Ein hervorragendes Medium, wie ich finde, um im Café oder in der Kneipe schnell etwas aufzuzeichnen und zu erklären.

- **Effektiv**. Mentale Shortcuts lassen sich schnell lernen und bei Bedarf sofort abrufen.

- **Einprägsam**. Durch ihre Formelhaftigkeit bleiben sie im Gedächtnis haften und gehen schnell in Fleisch und Blut über. Das ist die beste Voraussetzung dafür, sie auch unter großem Druck schnell abzurufen.

- **Erfolgreich**. Die mentalen Shortcuts wirken stimulierend auf Körper, Geist und Herz. Das erhöht im Leistungsmoment die Chance, besser und erfolgreicher zu agieren. Und: Es funktioniert!, wie ich aus mehr als einem Jahrzehnt Erfahrung mit Leistungssportlern weiß.

Wie Sie die Toolbox der zwölf wichtigsten mentalen Shortcurts nutzen, was sie so einzigartig macht und wann Sie diese mentalen Kickschalter einsetzen können, darum geht es in diesem Buch. In jedem Fall verleihen Ihnen die geheimen Siegerformeln Flügel. Sie helfen Ihnen in nahezu jeder kniffligen Situation im Job, lassen Sie zur Höchstform auflaufen und schenken Ihnen eine starke Ausstrahlung. Genauso unterstützt Sie der entsprechende Shortcut, turboschnell zu entspannen oder mit neuen Ideen zu brillieren.

Ich wünsche Ihnen viel Spaß beim Lesen und dass Sie alle Ihre Ziele und Wünsche schnell verwirklichen.

Ihr
Thomas Schlechter

Was ist ein mentaler Shortcut?

Es ist wie auf dem Bildschirm: wenn Sie aus „Doppelpunkt“, „Bindestrich“ und „Klammer zu“ einen Smiley erzeugen. So ähnlich lässt sich auch im Gehirn der Schalter für Lebensfreude zum Beispiel anklicken. Auch in Momenten, in denen Stress und Druck groß sind. Sogenannte Shortcuts kennen Sie bisher als Tastenkombination auf Ihrem Computer. Dabei handelt es sich um die Kombinationen aus zwei oder mehreren Tasten, die Sie drücken, um eine Aufgabe auszuführen. Mit „Strg c“ können Sie beispielsweise einen markierten Text kopieren. Shortcuts erleichtern die Eingabe und sparen Zeit. Folglich bedeutet der aus dem Englischen stammende Begriff „Abkürzung“, „Kurzform“ und wurde bislang vor allem in der Computerbranche verwendet. „Keyboard Shortcut“ ist ein gängiger Begriff. Er steht für „Tastaturkürzel“, etwa für das „Strg c“, wenn Sie eine Textpassage kopieren wollen.

Definition

Ein mentaler Shortcut ist eine Denkformel. Mit ihrer Hilfe können Sie sich sekundenschnell in den optimalen emotionalen, mentalen und körperlichen Zustand bringen. Sie laufen zur Bestform auf, immer dann, wenn Sie es brauchen!

Der Ur-Shortcut schlechthin stammt aus dem Neurolinguistischen Programmieren (kurz NLP). Das ist eine Disziplin, die sich mit erfolgsorientierter Kommunikation beschäftigt, und der Ur-Shortcut beschreibt den sogenannten „Moment of Excellence“. Einen Moment in Ihrem Leben, in dem Sie der strahlende Sieger waren und auf den Sie mit einfachen Mitteln schnell wieder zugreifen können, immer dann, wenn Sie diese Kraftquelle brauchen. Ich arbeite seit über zehn Jahren mit dieser Technik. Doch nicht jeder meiner Klienten wünscht sich diesen Spitzenzustand als Lösung. Manche wollen einfach nur ganz schnell kreativ sein oder sich in Blitzgeschwindigkeit entspannen. Im Laufe der Jahre entwickelte ich eine Vielzahl von Techniken, um in bestimmten Situationen die innere Energie optimal zu lenken. So entstanden zwölf mentale Shortcuts. Etwa „Begeisterung“ und „Flow“. Mit ihnen aktivieren Sie sofort mehr Energie in sich, während Sie sich mit „Ent-Sorgen“ oder „Entstressen“ beruhigen können. Für jemanden, der es gewohnt ist, sich grundsätzlich Sorgen zu machen, bedeutet eine solche Veränderung einen gewaltigen Entwicklungsschritt.

Dein äußerer Erfolg kann nur in dem Maße entstehen,
wie du selbst von innen wächst!

THOMAS SCHLECHTER

Mit mentalen Shortcuts sind Sie schneller als Ihre Mitbewerber

Die mentalen Shortcuts befähigen Sie, schneller zu lernen und sich auf Leistungssituationen optimal einzustellen. Charles Darwins (1809–1882) Kernsatz vom „Survival of the Fittest" ist im globalen Wandel aktueller denn je. Richtig verstanden handelt es sich jedoch nicht um den „Stärksten", sondern um den „Anpassungsfähigsten". Die Fähigkeit, sich an verändernde Rahmenbedingungen anzupassen, entscheidet über Erfolg und Misserfolg. Das gilt in der Natur, in der Wirtschaft oder im sozialen Kontext. Schnelles Lernen ist die wichtigste Voraussetzung für berufliches Weiterkommen.

Kräftemessen à la „David gegen Goliath" findet in der Wirtschaft mehr denn je statt. Wer in seiner Branche die Nase vorne haben möchte, wer angreifen will, braucht mehr als nur Wissen in seinem Fachgebiet: Know-how haben alle. Doch wer setzt sich im Wettbewerb durch? Ausschlaggebend ist die mentale Kraft. Dabei entpuppt sich der vermeintlich Schwächere oft als der Erfolgreiche. Auch wenn Goliath in der Wirtschaft mehr Kapital, mehr Mitarbeiter und mehr Macht hat. Mentale Stärke besitzt magische Kräfte. Sie erzeugt körperliche und emotionale Energie und verschafft großen Vorsprung. Das macht die Davids unschlagbar!

Mentale Kraft wird für das Erreichen von Veränderungsprozessen im Beruf noch völlig unterschätzt. Bei der Weiterbildung im Unternehmen steht die fachliche Qualifikation im Vordergrund. Allerdings treten die größten Probleme im Unternehmen wegen mentaler Defizite auf. Etwa schlechtes Betriebsklima, Mobbing, Burn-out und mangelnde Führungskompetenz. Mitarbeiter und Führungskräfte benötigen gerade heute mehr Kraft von innen heraus, weil die Ablenkungen und der Druck von außen immer größer werden.

Mentale Shortcuts können das individuelle Verhalten und das Miteinander erheblich verbessern. Das beugt Reibungsverlusten vor und sorgt für ein starkes Wir-Gefühl. Ein verbessertes Betriebsklima schlägt sich in der individuellen Leistungsbereitschaft und im Unternehmensergebnis positiv nieder.

Mitarbeiter und Chefs blockieren sich oft selbst

Bei meinen Coachings und Schulungen in Firmen treffe ich immer wieder auf sechs typische mentale Blockaden. Diese lassen sich bei den Mitarbeitern in allen Unternehmensebenen beobachten. Aber auch Geschäftsführer und Firmeninhaber sind davon nicht ausgenommen.

Die sechs größten mentalen Entwicklungsbremsen im Beruf

1. Fehlende Zielsetzung
2. Stress und Sorgen
3. Mangelnde Begeisterung
4. Schwäche beim Regulieren der Gefühle

5. Mangelndes Selbstbewusstsein
6. Abgelenkt sein

Jede dieser Mentalbremsen hält Sie im beruflichen Leistungsmoment davon ab, die optimale Wirksamkeit auf die Bahn zu bringen. Wie Ihnen das dennoch gelingt, wie Sie jede einzelne dieser Blockaden hinter sich lassen, das erklären Ihnen die nun folgenden Seiten.
Denn: Was hält Sie davon ab, Ihr bestes Ich zu leben? Kurz gesagt: Nur Sie selbst! Bekommen Sie Ihren mentalen Zustand in den Griff, dann bekommen Sie Ihr ganzes Leben in den Griff! Karriere, Führung, Beziehung und Lebensglück. Alles im Leben ist Psychologie. Denn der Kopf entscheidet, was der Körper tut. Mentale Kraft ist die wichtigste Fähigkeit im Leben für Entwicklung, Glück und Erfolg. Verschenken Sie Ihre mentale Kraft nicht! Nutzen Sie sie!

Jeder Tag ohne starke mentale Kraft ist ein Tag, an dem du mit angezogener Handbremse durchs Leben gehst.
Thomas Schlechter

Nutzen der mentalen Shortcuts

Ein mentaler Shortcut erzeugt blitzartig den mentalen, emotionalen und körperlichen Zustand für eine Leistungssituation. Leistungssituationen im Beruf können sein: der Abschluss von Verträgen und Aufträgen, schwierige Gespräche, Präsentationen, Ziellosigkeit, Konflikte usw. Dabei bieten die Shortcuts folgenden Nutzen:

Shortcuts ...

- bringen Sie punktgenau in Bestform.
- lösen mentale und emotionale Blockaden.
- sind zugeschnitten auf bestimmte berufliche Leistungssituationen.
- erweitern Ihren Handlungsspielraum und erhöhen Ihre Wirksamkeit.
- lassen sich sofort im Berufsalltag umsetzen.
- sind Turbobeschleuniger für bessere Ergebnisse.
- bewirken eine deutliche mentale Leistungssteigerung.
- lassen Sie schwierige Situationen meistern.

Damit können Chefs, Führungskräfte und Mitarbeiter ihre gewünschten Ziele sicher und schnell erreichen. Bei Stress gelingt es leicht, sich selbst aus der Patsche zu helfen. Das führt zu einem Wettbewerbsvorteil gegenüber Mitbewerbern. Obendrein verbleibt mehr Lebenszeit für andere Dinge – unterm Strich: ein Plus an Lebensqualität.

In welchen Leistungs-/Stresssituationen helfen Ihnen welche Shortcuts?

Mentale Shortcuts verleihen Ihrem beruflichen Erfolg Flügel. Sie sind die Toolbox, mithilfe derer Sie nahezu jede knifflige Situation im Job lösen können. Die Ihnen hilft, schnell zur Höchstform aufzulaufen, zu entspannen und mit frischen Ideen zu brillieren. Die nachstehende Übersicht zeigt bestimmte berufliche Herausforderungen und den passenden mentalen Shortcut dazu. Damit können Sie Ihre Leistungsfähigkeit erhöhen und beschleunigen.

Herausforderung	Der passende Shortcut
Sie werden von Sorgen und Zweifeln geplagt Sie bremsen sich selbst aus Sie sind gestresst	Ent-Sorgen
Nicht genug Präsenz in bestimmten Momenten	„Moment of Excellence“
Sie stehen sich selbst im Weg Sie reagieren unangemessen	Ego überwinden
Blockaden und alte Denkmuster	Reframing
Andere ziehen Sie runter Sie vermissen Spaß	Lebensfreude
Es fehlt Ihnen an Lust Sie können andere nicht mitreißen	Begeisterung
Sie wissen nicht, wo Sie hinmöchten Ziele erreichen fällt schwer	Zielsetzung
Es geht Ihnen zu viel durch den Kopf Sie werden ständig gestört Ihre Gedanken sind sprunghaft	Konzentration
Sie möchten Ihre Kreativität verbessern Eindenkphasen verkürzen endlich Unliebsames erledigen	Flow
Sie möchten bestimmte Situationen bestehen Sie zweifeln manchmal an sich selbst	Selbstbewusstsein
Sie sind genervt und gestresst Sie leiden unter Schlafstörungen	Entstressen
Sie sind mit sich und anderen ungeduldig Alles muss schnell gehen	Geduld

Wie funktionieren mentale Shortcuts?

Mentale Shortcuts basieren auf der Grundannahme, dass es für jede Handlung ein passendes emotionales, mentales und körperliches Erregungsniveau gibt. Dieses kann durch Training erlernt werden. Eine Denkformel beschreibt die Zutaten wie bei einer Zauberformel. Die Shortcuts können für den Neuling im mentalen Bereich durchaus etwas Magisches haben. Die Zutaten sind kein Aberglaube, sondern sie stützen sich auf wissenschaftliche Erkenntnisse verschiedener Disziplinen. Zutaten sind beispielsweise wirksame Visualisierungsübungen, Gedankenlenkung und Körpertechniken. Durch die Kombination in einem Shortcut verstärken sie gegenseitig ihre Wirksamkeit und aktivieren die besten Ressourcen. Geist, Körper und Gefühle lassen sich in diesem Moment in Übereinstimmung bringen und lenken.

Jeder Mensch verfügt bereits über genügend Wissen, Erfahrung und Emotionen für einen optimalen Zustand. Er muss nur lernen, den richtigen Mix abzurufen. Der Geist gleicht einer gewaltigen „Festplatte" mit gespeicherten Erinnerungen. Das Bewusstsein holt sich immer nur einen sehr kleinen Ausschnitt auf den „Bildschirm". Das meiste schlummert auf der Festplatte. Wie auf einem Rechner können Sie nie alle Dateien gleichzeitig öffnen. Es geht am besten mit einem offenen Fenster. Jede Erinnerungsdatei beinhaltet ein Gefühl. Das kann neutral, negativ oder positiv sein und eine ganz eigene Intensität haben.

Wenn Sie zum Beispiel jemanden neu kennenlernen, nimmt Ihr Gehirn ganz automatisch einen Abgleich vor. Es sucht nach bereits bekannten Erfahrungen. Alter, Geschlechtsmerkmale, Bekleidung, Haare, Augen, Gesicht und Körpersprache werden gescannt. Dieser Prozess läuft zunächst unterbewusst ab. Dabei kann Folgendes passieren: Sie registrieren die Art, wie die neue Bekanntschaft spricht. Ähnelt sie einem Menschen aus Ihrem Leben, der immer für Sie da war und Sie noch nie enttäuscht hat, stellt sich umgehend ihm oder ihr gegenüber ein Gefühl der Vertrautheit ein. Sie entwickeln sofort eine offene Haltung gegenüber diesem Menschen. Sind die Merkmale jedoch an negative Erinnerungen gekoppelt, aktiviert sich automatisch Ihre Firewall. Ganz unterbewusst reagieren Sie mit extremer Vorsicht, mit Rückzug oder sogar mit unangemessenem Verhalten. In jedem Fall nehmen Sie sich selbst die Chance, den Menschen näher kennenzulernen. Sie werden nicht entdecken, dass diese Person ganz anders ist als der Mensch aus Ihrer Vergangenheit.

Mit mentalen Shortcuts unterbrechen Sie in einem solchen Fall emotionale und mentale Automatismen. Sobald blockierende Glaubenssätze, Sorgen, Zweifel oder andere Hemmnisse die Bewusstseinsebene erreichen, erhalten Sie die Gelegenheit, Ihr Verhalten zu hinterfragen. Sie übernehmen die Selbststeuerung und können Ihr bestes Ich abrufen.

Die Qualität der Gedanken bestimmt die Qualität des Lebens

Mentale Shortcuts bringen bestärkende Dateien gezielt auf Ihren inneren Bildschirm. Warum ist das wichtig? Weil Reaktionen und Verhalten von den aktuellen sowie gewohnheitsmäßigen Gefühlen und Gedankenmustern abhängen. Darunter können eben auch solche sein, die uns blockieren.

Das Hauptproblem unserer Zeit: Immer mehr Reize fluten auf uns Menschen ein. Das löst gefühlsmäßige Reaktionen und Schwankungen aus. Manche pendeln wie ferngesteuert zwischen negativen und positiven Gefühlen hin und her: Sie reagieren immer nur auf Ereignisse, ohne sich selbst regulieren zu können. Und genau hier setzen die Shortcuts an. Mit mentalen Shortcuts lassen sich störende Gefühle regulieren und gleichzeitig ein gewünschter Zustand abrufen.
Die meisten Menschen denken wenig über die Natur ihrer inneren Welt nach. Dabei macht das viel Sinn. Denn die Gedanken und Gefühle sind so real wie die materielle Welt. Sicher haben Sie einmal jemanden erlebt, der sich felsenfest auf einen irrealen Gedanken versteift hatte? Dieser Gedanke war für diesen Menschen realer als die Wirklichkeit und prägte sein Fühlen und Handeln. Wer beispielsweise zur Jahrtausendwende glaubte, dass die Computer durch einen Programmierfehler abstürzen und am 1.Januar 2000 nicht mehr hochfahren würden, wurde in seinem Denken und Handeln von diesem Gedanken beeinflusst.

Sitzen Sie im Pawlowschen Käfig?

Fühlen Sie sich manchmal wie in dem Kinofilm „Und täglich grüßt das Murmeltier“? Sie glauben, Sie können tun, was Sie wollen, und es passiert immer wieder das Gleiche in Ihrem Leben. Haben Sie sich das auch schon mal gefragt: Warum wiederholen sich bestimmte Ereignisse, Krisen und Schmerzen in meinem Leben? Das liegt nicht an den anderen oder den Umständen. Das liegt an Ihnen! Doch: Warum ist es so schwer, etwas daran zu ändern?

Wir Menschen sind gefangen in unserer eigenen Denkwelt, die uns wie ein unsichtbarer Käfig limitiert. Das begrenzt alles Verhalten. Ohne es selbst zu merken, verhindern wir unser persönliches Wachstum. Was fehlt, sind die richtigen mentalen Werkzeuge, um innere Blockaden zu durchbrechen. Stillstand und Scheitern sind programmiert.

Ein konkreteres Beispiel: Sie treffen jemanden, der über seine Situation jammert. Das berührt Sie und zieht Sie runter. Oder es macht Sie vielleicht auch aggressiv. Sie selbst beginnen, negativ zu denken. Das Jammern eines anderen stellt einen Reiz dar, der in Ihnen einen emotional schwachen Zustand auslöst. Das muss nicht sein. Meine Freundin Britta beispielsweise lässt sich von niemandem runterziehen. Ihre Strategie: Sie schafft es innerhalb weniger Minuten, Menschen aus ihrem Jammertal zu befreien, und zeigt ihnen eine neue, zuversichtliche Sicht der Dinge. Britta besitzt keine besondere Gabe, sondern einen mentalen Shortcut. Sie kann ihre Zuversicht länger als andere bewahren und gleichzeitig auf andere übertragen. In diesem Zusammenhang helfen uns auch die Erkenntnisse von Ivan Pawlow (1849–1936). Der russische Wissenschaftler wurde für seine Untersuchungen zur Reiz-Reaktions-Konditionierung berühmt. Pawlow hielt Hunde in einem Käfig. In seinen Experimenten läutete er vor der Fütterung eine Glocke. Die Folge: Der Klang der Glocke wurde mit dem Füttern gekoppelt. Nach einigen Wiederholungen löste alleine das Läuten der Glocke den Speichelfluss bei den Hunden aus. Sogar dann, wenn es gar keine Nahrung gab. Das bedeutet, dass ein neutraler Reiz wie das Läuten einer Glocke eine körperliche Funktion (Speichelfluss) auslösen kann. In meinen Seminaren fragen mich Teilnehmer immer wieder, warum ich dieses Beispiel erzähle. Sie können sich nicht vorstellen, dass diese Konditionierung auch beim Menschen so abläuft. Doch: Konditionierungen lassen sich bei allen Lebewesen beobachten. Auch beim Menschen.
Folgendes Beispiel zeigt das sehr gut. In Partylaune im Urlaub hören Sie ein Musikstück das erste Mal. Sie lernen in den Tagen vielleicht jemanden kennen oder erleben etwas Einzigartiges, während Sie dieses spezielle Lied hören. Nach Ihrer Rückkehr aus dem Urlaub stecken Sie wieder im Hamsterrad des Alltags. Auf einmal läuft dieses Lied im Radio. Was geht da in Ihnen vor? Schlagartig werden alle Urlaubserinnerungen in Ihnen wach. Sie bekommen gute Laune und ein prickelndes Gefühl im ganzen Körper. Ganz beiläufig entstand eine Konditionierung. Zwei unabhängige Reize – der Urlaub und das Lied – wurden miteinander gekoppelt. Das Lied wirkt jetzt wie die Pawlowsche Glocke.
Mit Konditionierung manipulieren Werbestrategen im Übrigen auch das Essverhalten von uns Menschen. Natürlich betrifft das nicht Sie speziell. Nur stellen Sie sich folgenden Fall vor: Sie fahren in der Mittagszeit mit dem Auto durch Ihre Stadt. Am Straßenrand stehen Hinweisschilder und weisen Ihnen den Weg zum nächstgelegenen Restaurant. Zu einer weltweiten Fastfoodkette. Es ist kein Zufall, dass Ih-

nen täglich in der Mittagszeit ein Werbebotschafter aus dem Autoradio suggeriert: „Ich liebe ein Happymeal.“ Und Sie selbst sagen sich gerade in dem Moment: „Ja, jetzt muss es schnell gehen!“ Eine halbe Stunde später finden Sie sich wieder in Ihrem Auto, der Magen hat ein unangenehmes Völle- und Schweregefühl und befreit sich mit einem heftigen Aufstoßen vom Überdruck der Kohlensäure. Da fragen Sie sich: Wie konnte das denn wieder passieren? Erinnert Sie die Geschichte ein wenig an den Pawlowschen Hund? Werbung ist reine Konditionierung. Die Klingel ist der Werbespot im Radio und löst den Speichelfluss aus. Guten Appetit ;-).
Noch nie wurden wir so manipuliert und verarscht (ups, habe ich das gerade wirklich geschrieben? Es stimmt ja auch) wie heute. Während wir ein Sportereignis im Fernsehen anschauen suggerieren uns die Sponsorenbanner und die Werbepause, welches Bier und welche übersüßte Brauselimonade wir trinken sollen. Welche Snacks und Schokolade dazu passen. Obwohl hinlänglich bekannt ist, dass Alkohol, Fett und Zucker im Übermaß zu erheblichen gesundheitlichen Beeinträchtigungen und zum frühzeitigen Tod führen. Ganze Berufszweige leben vom Verschleiern der Wahrheit und vom gleichzeitigen Konditionieren: Werbung, Marketing, PR und alle Medienunternehmen wie TV, Radio, Internet oder Verlage. Die Verarschungsmaschinerie läuft auf Hochtouren. Konditioniert von der Werbung und von gekauften Berichterstattungen verhalten wir uns völlig bescheuert. Wir zahlen hart verdientes Geld für schädliche Produkte, die als köstlich, entspannend und wohltuend angepriesen werden. Und es funktioniert. Im großen Stil sogar, wie sich an den alljährlichen Bilanzen der Konzerne ablesen lässt. Aufgrund der Gier Einzelner und dem Gewinnstreben der Konzerne werden Konsumenten manipuliert, belogen und betrogen.
Die Welt versucht beständig, unsere Zeit, Aufmerksamkeit und Energie zu stehlen. Sie lenkt uns ab von dem, was wirklich zählt, von Familie, Gesundheit und Lebensglück. Blockierende Gewohnheiten schleichen sich ein und schwächen unsere Fähigkeit zu sehen, dass das Leben einen Sinn hat und voller Freude steckt. Wir reagieren nur noch, anstatt unser Leben selbst zu entwerfen. Also: Sind Sie weiter bereit zu glauben, dass Sie nicht die Wahl haben? Möchten Sie weiter von Ihrer Umwelt verbogen werden? Nein? Dann lassen Sie sich nicht weiter verarschen. Erwachen Sie, denken Sie nach und stehen Sie auf. Treten Sie aus Ihrem Pawlowschen Käfig. Die Zeit für die persönliche Veränderung ist reif!

Nicht alle Konditionierungen sind gegen uns

Konditionierungen arbeiten in den meisten Fällen für uns. Im Alltag meistern wir viele Situationen beiläufig, ohne noch darüber nachzudenken. Wir fassen beispielsweise nicht mehr auf eine heiße Herdplatte und bleiben an einer roten Ampel stehen. Sie erlauben es uns, mit dem Kopf woanders zu sein als mit dem restlichen Körper. So können wir zwei Aufgaben gleichzeitig erledigen.

Warum fallen Veränderungen so schwer?

Albert Einstein (1879–1955) brachte es vortrefflich auf den Punkt: „Wir sind gefangen in den Grenzen unseres Denkens.“ Einstein war nicht nur Physiker, sondern auch ein brillanter Menschenbeobachter. Wir folgen den Mustern, die wir seit Jahren verinnerlicht haben, und können uns nur schwer davon lösen. Auch wenn Menschen etwas Neues gelernt haben, neigen sie unter Stress dazu, wieder in das alte Muster zurückzufallen. Sie fragen sich immer das Gleiche, sie fühlen immer gleich und sie denken immer gleich. Denn der Zustand fühlt sich vertraut und bequem an. Sie glauben, dass es nur so geht. Dabei existieren unendlich viele Möglichkeiten. Bestimmt auch noch einige, die besser als die bisherigen sind. Doch manchmal stecken Menschen fest bzw. haben es sich in ihrer Komfortzone bequem gemacht. Für den Eintritt in einen neuen Lebensabschnitt spielt neues Denken und Handeln eine tragende Rolle. Alte Denk- und Verhaltensmuster bergen häufig keine Lösung mehr in einer neuen Lebensphase. Heranwachsende Jugendliche zum Beispiel brauchen die Mutter in ihrer Rolle als Behüterin nicht mehr. Diese Veränderung stellt für viele Mütter einen schwierigen Abnabelungsprozess dar. Aus den alten Mustern heraus reagieren sie bisweilen sehr emotional in bestimmten Situationen, was zu Spannungen innerhalb der Familie führen kann. Die Rolle der behütenden Mutter beinhaltet Sorgen, Ängste und Zweifel, die das alltägliche Denken und Handeln bestimmen. Wenn Mütter das eigene Rollendenken nicht verändern, werden ängstliche Gefühle nicht verarbeitet. Sie stauen sich auf und können sich blitzartig entladen. Die meisten haben in ihrer Familie schon einmal ein solches emotionales Gewitter erlebt. Und das muss nicht nur an den Jugendlichen liegen, sondern auch an Müttern, die nicht loslassen können.

„Warum fällt vielen schon der erste Schritt schwer?“, werde ich von besorgten Angehörigen gefragt. Die Betroffenen selbst können ihre Blockade nicht wahrnehmen. Sie schieben ein Mentalcoaching vor sich her und vermeiden einen Kontakt mit mir völlig. Die Ausreden sind oftmals die gleichen: „Ich muss zuerst etwas anderes geregelt bekommen“, „Zuerst mache ich eine fachliche Weiterbildung“, „Ich bin operativ zu sehr eingespannt“, „ Die To-do-Liste muss abgearbeitet werden“. Erst danach wollen sie sich Zeit für ihre mentale Entwicklung nehmen. Dieser Ansatz ist völlig falsch. Die Ursache, warum sie auf der Stelle treten, liegt nicht in den gebetsmühlenartig vorgetragenen Ausreden die Sie sich und anderen immer erzählen. Sie stecken in ihrer inneren Einstellung fest. Sie ersehnen neue Ergebnisse und sind in der Endlosschleife alter Denkmuster gefangen. Doch kann eine Entwicklung – in jedem Lebensbereich übrigens! – erst stattfinden, wenn eine mentale Veränderung vorausgegangen ist. Erst dann geht es weiter.

Befreien Sie sich aus dem Pawlowschen Käfig

Können Menschen Gewohnheiten verändern? Kann jemand lernen, besser zu denken? Ist es möglich, besseres Verhalten zu erzeugen? Kann sich jemand selbst verändern? Viermal Ja! Selbstverständlich kann altes Denken und Handeln durch neues ersetzt werden. Blockierende Konditionierungen lassen sich wieder löschen, indem sie durch neue überschrieben werden. Lehrer nennen das Lernen, bei den Psychologen heißt es Verhaltensänderung, und der Weise spricht von Erleuchtung. Ganz gleich, wie Sie es nennen, Sie können durch Willenskraft altes, unvorteilhaftes Verhalten durch Neues ersetzen. Das bestätigt auch Clemens Kuby, wenn er in seinem Bestseller „Mental Healing“ schreibt: „Niemand kann einen daran hindern, sein Schicksal selbst in die Hand zu nehmen, denn die Bewusstseinsentwicklung spielt sich im Geist ab.“ Ein Mensch kann sein Denken in Bezug auf bewusste und unterbewusste Prozesse selbst trainieren. Das haben auch unzählige Studien von Neurobiologen nachgewiesen. Das heißt, jeder kann sein bewusstes Erfolgsdenken auf ein höheres Niveau bringen. Nach ein paar Wiederholungen läuft das automatisiert und unterbewusst ab. Lernen ist Konditionieren: zum Beispiel Sprachen, Rechnen, Berufsausbildung usw. Sie haben sich dabei selbst konditioniert. Auch Ihre gewohnheitsmäßige Reaktion, wenn Sie den Empfangston einer SMS hören, ist eine Konditionierung. Denken Sie dann, es hat noch Zeit, sie zu lesen, oder glauben Sie, etwas zu verpassen, wenn Sie es nicht sofort tun?

In meiner Coachingtätigkeit mache ich den ganzen Tag nichts anderes, als Klienten beim Finden neuer Denkweisen zu unterstützen. Damit sie effektiver und souveräner agieren. Wir verändern in einer Coachingstunde zum Beispiel Bewertungen durch die Technik des Reframing. In einem weiteren Schritt kombinieren wir die neue Perspektive mit unterstützenden Gefühlszuständen wie Begeisterung oder Selbstbewusstsein. Am Ende entsteht ein Cocktail, der sich aus mentalen, emotionalen und körperlichen Techniken zusammensetzt. Diesen trainiere ich mit meinen Klienten intensiv und mit einigen Wiederholungen. Gezielt setze ich dabei einen Anker, sodass meine Klienten den gewünschten Zustand und die Leistungsfähigkeit sofort erzeugen können. Die Anker-Technik stammt aus dem NLP und funktioniert wie die Pawlowsche Glocke. Nur dass Sie selbst den Reiz und den gewünschten Zustand wählen. Das Ankern finden Sie ausführlich im mentalen Shortcut Nummer 2: „Moment of Excellence“.

Mit der Selbstprogrammierung erhalten meine Klienten ein Werkzeug, um aus ihrem Pawlowschen Käfig zu entkommen.

Das Gesetz von Ursache und Wirkung

Ich glaube, jeder ist seines Glückes Schmied. Das Konzept der Shortcuts basiert auf der Grundannahme, dass Menschen einen freien Willen besitzen.
Der freie Wille steht jedem unbegrenzt zur Verfügung. Doch man erhält ihn erst, wenn man ihn sich nimmt. Jeder ist Chef im eigenen Haus und entscheidet selbst: über den Job, den er wählt, welchen Partner, welche Freunde, welche Sportart, und welche Art der Ernährung usw. Niemand kann einen anderen davon abhalten, seinen Weg zu verfolgen und nach seinem Glück zu streben. Deshalb halten auch Sie sich selbst nicht ab. Sie sind Herr Ihres Körpers, Ihres Geistes und Ihrer Gefühle.
Mentale Stärke entsteht nicht zufällig, sondern als Folge von Denkmustern. Jeder kann sie sich aneignen. Denken, um neue Wege zu beschreiten, kann jeder, und die Wirkung materialisiert sich im Leben. Das Gesetz von Ursache und Wirkung ist eine fundamentale Grundregel des Universums und des Lebens. Materie folgt dem Geist. Intensive und wiederholte Gedanken werden Wirklichkeit. Manche verstehen das Gesetz von Ursache und Wirkung nur sehr schwer und verstoßen ihr Leben lang dagegen. Sie setzen sich im Winter in einem kalten Raum vor einen Ofen und sagen: „Bitte, Ofen, wärme mich, dann bekommst du auch Holz.“
Um etwas im Leben zu erhalten, müssen wir zuerst etwas dafür tun. Der Prozess beginnt mit einem Gedanken. Dieser erzeugt Gefühle und bringt uns zum Handeln. Eine Handlung führt zu einem Ergebnis.
Wenn Sie denken, dass Sie im Beruf ein Ziel erreichen, wenn Sie fest daran glauben und wenn Sie es unbedingt wollen, wird Sie keine Kraft davon abhalten können. Wenn Sie genau wissen, was Sie wollen, dann ziehen Sie es an, und Sie werden es erhalten. Ihre Gedanken werden Wirklichkeit.
Ich glaube, Ereignisse verändern unser Leben. Darunter sind scheinbar zufällige Ereignisse und andere, die wir herbeigeführt haben. Wir haben die Fähigkeit, selbst die Dinge zu erschaffen, um damit unser Leben und die Zukunft zu verändern. Ereignisse kann jeder durch einen Gedankenentwurf selbst entstehen lassen: ein Projekt, eine Prüfung, ein Unternehmen usw. Eine grundlegende Frage jedoch müssen wir uns zuvor stellen: Bin ich Opfer oder Spielmacher? Ein Opfer erleidet und bleibt passiv. Ein Spielmacher dagegen denkt, entwirft Pläne, handelt und erzeugt Ereignisse.
Im Kopf beginnt Ihre Zukunft. Sie sind der Schöpfer Ihres Universums. Was Sie denken, fühlen und tun, ist Ihre Schöpfung. Das sind Sie! Es ist Ihr Leben, es gehört niemand anderem als Ihnen. Ihnen ist ein freier Willen eigen, damit können Sie denken, fühlen, Ihr Verhalten verbessern und steuern. Das ist keine Zauberei. Und: Wer sich selbst nicht steuert, der wird gesteuert. Leider ist das so.

Bedenken gegen Selbst-Programmierung

Gefühle regulieren zu können, heißt nicht, dass jemand keine Gefühle mehr hat. Es bedeutet auch nicht, zum Roboter zu werden. Es bedeutet vielmehr, aus den bisherigen automatisierten Prozessen und Begrenzungen von Denken, Fühlen und Handeln auszusteigen und selbst die Kontrolle zu übernehmen.

Ganz automatisch und meist unbemerkt finden andauernd Konditionierungen statt. Wer wusste Anfang der 90er-Jahre, was eine Menuführung im Handy ist? Heute gehen Sie mit Ihrem Smartphone in Facebook und teilen Ihr neustes Foto mit Freunden und Fremden. Jeden Tag lernen Sie, neue Apps anzuwenden. Das ist ein ganz natürlicher Prozess. Sie wählen einen bestimmten Klingelton für einen Kontakt im Smartphone. Wenn Sie diesen Ton dann hören, löst das bei Ihnen ein bestimmtes Fühlen und Verhalten aus. Sie konditionieren sich beständig selbst.

Außerdem: Jeder macht an Ihnen herum. Ihre Eltern, Lehrer, Mentoren und Trainer haben Sie bereits konditioniert. Ihr Lebenspartner, Ihre Kinder, Ihr Chef, Ihre Arbeitskollegen, Ihre Kunden und Freunde tun es täglich. Manchmal sanft, manchmal hart. Jeder konditioniert Sie, ohne dass Sie es wahrnehmen. Und auch Sie konditionieren die anderen. Wir können uns dem nicht entziehen. Deshalb macht es sogar Sinn, sich mit vorteilhaften Verhaltensmustern selbst zu programmieren.

Ich habe mich in der Vergangenheit oft über mich selbst geärgert. Mit der Zeit wurde mir klar, dass mein Schädel voll war mit Fehlprogrammierungen, die durch meine Kindheit, durch die Berieselung mit Werbung und irgendwelche bescheuerten Filme zustande gekommen waren. Um den Gedankenmüll loszuwerden, habe ich einen meiner Lieblingsshortcuts entwickelt: „Ent-Sorgen“. Er ist der erste von insgesamt zwölf mentalen Shortcuts, die ich Ihnen in diesem Buch vorstelle. Mit den Shortcuts werden Sie vom Gehirnbesitzer zum Gehirnbenutzer. Die mentalen Formeln schützen Ihren Geist vor Energiefressern und lassen Sie energiereiche Zustände abrufen. Durch diese mentale Selbstverteidigung schützen Sie sich vor medialer Reizüberflutung oder psychologischer Kriegsführung anderer. Shortcuts wirken wie eine mentale Firewall als Schutz vor Manipulation und ungewollter Konditionierung.

Denn entweder beherrschen Sie Ihr Denken und Fühlen oder Sie werden beherrscht. Dieses Buch zeigt Ihnen, wie Sie aus der Zwangsjacke hemmender Automatismen schlüpfen und gleichzeitig positive Denkformeln abrufen können. So beschleunigen Sie Ihre persönliche Entwicklung für mehr Erfolg und Glück im Leben.

Das richtige Training macht den Unterschied

Erfolg kommt nicht von ungefähr. Zuvor aber musst du Körper, Geist und Seele auf dein Ziel einstimmen, das vor dir liegt.
THOMAS SCHLECHTER

„Sei vorbereitet - Das Glück bevorzugt den, der vorbereitet ist."
Sie können zu dem Besten in Ihrer Brache werden. Jedoch nur, wenn Sie sich im Vorfeld mental fit gemacht haben. Ich halte nichts davon, dass Menschen erst zum Coach gehen, wenn die Krise ausgebrochen ist. Denn mentale Strategien müssen in den guten Zeiten für die schlechten Zeiten trainiert werden. Geht es einem schlecht, fehlt meist die nötige Geduld und die Kraft, um noch etwas Neues zu lernen. In Sachen Vorbereitung können Berufstätige von Profisportlern lernen. Wie jeder weiß, trainieren Sportler nach einem wohldurchdachten Programm. Sie bereiten sich konsequent auf einen Wettkampf vor und halten Trainingspläne ein. Im Beruf wird oft erst auf den letzten Drücker ein Projekt in Angriff genommen. Für einen Sportler wäre dies fatal. Für ihn ist es wichtig, konsequent und regelmäßig zu trainieren.
Mentales Training hört für einen Profi im Sport wie im Beruf nie auf. Die Leistungsfähigkeit hängt vom Trainingszustand des Gehirns ab. Wer mental schwächelt, verliert. Das Werkzeug Verstand will immer wieder nachgeschliffen werden, sodass es scharf bleibt. Mit dem mentalen Training bildet das Gehirn Reserven, auf die es im Notfall zurückgreifen kann.

Programmieren Sie sich auf Erfolg

Mit den mentalen Shortcuts verhält es sich wie mit dem Fahrradfahren. Sie lernen es mit Stützrädern, bis Sie ein Gefühl für das Gleichgewicht haben. Schnell können Sie die Balance halten. Einmal gelernt, können Sie es Ihr Leben lang. Ein Mensch denkt nicht mehr über das Lenken und die Schräglage nach, sondern macht das automatisch. Der Prozess ist automatisiert und neuronal gespeichert. Genauso wirken geankerte Shortcuts. Für das Speichern der Shortcuts aktivieren Sie Ihr gesamtes neuronales Netzwerk und jede Muskelfaser. Sie müssen den Shortcut als Zustand fühlen, wie das Bewegungsgefühl beim Radfahren. Körper, Geist und Gefühl sind in dem Moment im Zustand des Eins-Seins. Diesen Zustand merken Sie sich mit dem Anker. Das Shortcut-Training beinhaltet also nicht nur, in Ruhe zu meditieren und sich den anvisierten Zustand vorzustellen. Die Übungen sollen Sie auch im Probehandeln erfahren, damit sie in Fleisch und Blut übergehen. Jeder kann die im Anschluss beschriebenen Übungen lernen. Manche tun sich dabei jedoch schwerer, andere leichter. Das persönliche Lerntempo variiert, was möglicherweise an der Tagesform liegt. Mein Tipp: Einfach ausprobieren und bei Bedarf wiederholen.

Vorab ein paar allgemeine Übungshinweise, die für alle Shortcuts gelten

1. Beginnen Sie mit Shortcut Nummer 1 und mit Shortcut Nummer 2.

Auf diesen beiden Basic-Shortcuts bauen einige andere auf. In Shortcut Nummer 1 finden Sie eine Liste mit Blockaden. Damit fällt es Ihnen leichter, die eigenen zu identifizieren und sie in einem weiteren Schritt zu „ent-Sorgen".
Shortcut Nummer 2, der „Moment of Excellence", beinhaltet die Technik des Ankerns mit einer ausführlichen Beschreibung. Das Ankern wird Ihnen bei den weiteren Shortcuts behilflich sein.

2. Starten Sie mit kleinen Übungsschritten

Manche Menschen tragen Lernhemmungen in sich, weil sie irgendwann einmal überfordert wurden. Setzen Sie die Übungsschritte bewusst niedrig an. Das macht mehr Spaß und baut Vertrauen in Ihre Wirksamkeit auf. Erhöhen Sie die Hindernisse erst allmählich, und versuchen Sie herauszufinden, wo Ihre Grenze liegt.

3. Maximal zwei Shortcuts parallel

Ich empfehle Ihnen, sich ein paar Tage auf einen oder maximal zwei mentale Shortcuts zu konzentrieren. Es kann sich anbieten, einen aktivierenden Shortcut wie Begeisterung zusammen mit dem Shortcut Entstressen zu üben. Damit lässt sich ein schnelles Umschalten erreichen. Wenden Sie einen Shortcut mindestens dreimal in der Praxis an. Dann sitzt er in der Regel. Erst danach würde ich einen neuen beginnen.

4. Vorbereitende Übung

Wenn ein Shortcut noch nicht als Programm in Ihnen ist, müssen Sie es zuerst schreiben. Deshalb beginnt jede Übung mit einer Vorbereitung. Manchmal existiert ein adäquates Programm bereits in einem anderen Bereich. Zum Beispiel verhalten Sie sich im Sport nach einem bestimmten Muster, haben jedoch dieses Handeln noch nicht auf den beruflichen Kontext übertragen. Mit der Vorbereitung für den Shortcut fällt das dann leicht.

5. Kurzformel

Jeder Shortcut funktioniert mit einer Kurzformel. Sie dient Ihnen als Merksatz oder Mantra. Die Kurzformel sollten Sie zur Selbstinstruktion auswendig lernen, um sie sofort abrufen zu können. Mit ihr aktivieren Sie den Handlungsplan in der jeweiligen Situation und rufen alle Ressourcen ab. Auch Spitzensportler trainieren ihre Selbstgespräche, und Schauspieler studieren ihren Text ein. Üben auch Sie für Ihren großen Auftritt! Machen Sie es den Meistern ihres Fachs nach, um sich in Bestform zu versetzen.

6. Die optimalen Bedingungen, um zu üben: Freude

Versetzen Sie sich vor dem Üben stets in eine gute Stimmung, bevor Sie beginnen. PS: Ich persönlich habe mir einige Shortcuts in der Disco antrainiert. Denn alle Shortcuts, die mit Musik und Tanzen verbunden sind, übe ich gerne beim Abrocken in einem Tanzclub. Hier erlebe ich Lebensfreude, Begeisterung oder Flow intensiv. Das macht einen Riesenspaß.

7. Konzentration und Ruhe

Schotten Sie sich in der Anfangsphase ab und lassen Sie keine Störungen zu.

8. Intensität des Trainings

Auch mentales Training strengt den Geist an. Verlangen Sie sich selbst das Beste ab und geben Sie alles.

9. Intervalle mit zunehmender Intensität

Wiederholen Sie die Übung mit kleinen Pausen. Steigern Sie die Intensität bis zum letzten Intervall mit maximalem Einsatz.

10. Notizen

Halten Sie für die Übungen ein Notizbuch oder einen Block bereit. Schreiben Sie sich die wichtigsten Erkenntnisse auf, um eine starke Wirkung zu erzielen.

Ihr Gehirn kann viel mehr, als Sie ihm bisher abverlangt haben.
Mit den mentalen Shortcuts aktivieren Sie dieses Potenzial. Lassen Sie uns gleich starten und Ihr mentales Betriebssystem updaten. Beginnen wir mit einem mentalen Anti-Viren-Programm, um Blockaden zu löschen. Der erste Shortcut heißt sich „Ent-Sorgen".

„Ein Blick in die Vergangenheit hat nur Sinn,
wenn er der Zukunft dient."
Konrad Adenauer (1876–1967)

Die zwölf Basic-Shortcuts

1. Ent-Sorgen

Wie Sie die größten Mentalbremsen hinter sich lassen

Beginnen wir das mentale Abenteuer in diesem Buch mit einem eleganten und hilfreichen Shortcut.
Der Begriff Ent-Sorgen trägt eine doppelte Bedeutung in sich. Zum einen steckt darin sich von Sorgen frei machen und zum anderen Mentalbremsen entsorgen im Sinne von wegwerfen. Beides trifft zu. Ich zeige Ihnen, wie Sie sich von Gedankenballast befreien. Kennen Sie das? Sie möchten einen neuen Auftrag an Land ziehen und während Sie darüber nachdenken, kommen Ihnen Bedenken. Was, wenn Sie eine umfangreiche Präsentation erstellen und der Kunde sich für eine andere Firma entscheidet? Wenn Sie den Auftrag bekommen und der Kunde sich dann als schwierig herausstellt, so wie beim letzten Mal? Denken Sie bei anstehenden Aufgaben an vergangene Negativerlebnisse? Wenn ja, müssen Sie solche und andere blockierenden Gedanken beiseiteräumen, damit Sie richtig loslegen können. Ganz nach dem Motto des russischen Dichters Fjodor M. Dostojewsky (1821–1881):

„Ehe du zu handeln beginnst, sei dein Geist frei von Zweifel."

Das Ent-Sorgen stellt den ersten Schritt für jede Veränderung dar. Deshalb wende ich diesen Shortcut immer als einen festen Bestandteil meines Mental- und Wanderseminars „Der Aufstieg zum Zugspitzgipfel" an. Am Abend vor dem Marsch bereite ich meine Teilnehmer mit einem Mentalseminar auf die achtstündige Wanderung vor. Der Weg von unserem Start in Ehrwald über die Gatterl-Route führt über 2000 Höhenmeter. Ungeübten geht das an die Substanz. Deshalb bereite ich die Teilnehmer entsprechend vor. Meine Bergführer achten darauf, dass die Teil-

nehmer auf dem Gipfelmarsch nur das Nötigste mitnehmen. Wer zu viel in den Rucksack packt, belastet sich unnötig und begrenzt seinen Bewegungsradius.
Dieses Bild lässt sich gut auf die mentale Vorbereitung übertragen. Ich sorge dafür, dass die Teilnehmer mit dem Shortcut „Ent-Sorgen“ allen Ballast aus ihrem mentalen Rucksack werfen. Ängste und Zweifel können noch kurz vor dem Start auftauchen: Manch einer fragt sich in dem Moment: Mache ich das Richtige? Wie ist die Wetterprognose? Die Teilnehmer haben zwar am Vorabend gelernt, damit umzugehen, doch oft kommen solche Gedanken gewohnheitsmäßig wieder hoch. Unser erfahrener Tiroler Bergwanderführer Gerd sagt dann: „Des packsch scho. Gemma.“ Die Gruppe setzt sich in Bewegung und die Bedenken bleiben im Tal. Wer schon mal ein Projekt im Unternehmen durchgeboxt hat oder eine Tageswanderung gegangen ist, weiß: Wenn es schwierig wird, tauchen die Bedenken wieder auf. Auf unserer Tour passiert das spätestens im Geröllhang. Bei jedem Schritt rutscht der Fuß um die Hälfte zurück. Man kommt sich vor wie Sisyphos aus der griechischen Mythologie. Ähnlich wie er, der dazu verdammt ist, einen Felsbrocken einen Berg wieder und wieder hochzurollen, fragen Sie sich: Schaffe ich das noch? Bedenken und Zweifel rumoren in Ihrem Kopf. Und in dem Moment wiederholt jeder Teilnehmer den Shortcut „Ent-Sorgen“.
„Ent-Sorgen“ vertreibt auch im beruflichen Alltag mentale Blockaden. Verzögerungen oder Widerstände bei der Arbeit lösen blockierende Gefühle und Gedanken aus. Dieses Muster liegt in der evolutionären Prägung des Menschen. Und: Negative Erfahrungen bleiben besser in Erinnerung als positive. Schmerzhafte Verluste, Fehler oder Rückschläge sitzen hartnäckig in unserem Gedächtnis fest, um uns vor wiederholtem Schmerz zu schützen. Das ist auf der einen Seite gut, auf der anderen Seite stören blockierende Gedanken wichtige Vorhaben und gewünschte Veränderungen.

Sorgen verhindern den Gipfelsieg

Manche von uns halten sich selbst von ihrem Gipfelsieg im Leben ab. Es gibt so viele, die das Abenteuer Zugspitze erleben möchten. Ich kenne Kunden und Freunde, die eigentlich gerne zum Aufstieg zur Zugspitze mitkommen würden, jedoch ein ganz großes ABER in sich tragen. Selbst wenn sie es von der körperlichen Verfassung locker schaffen würden, trauen sie es sich nicht zu. Sie sind erfüllt von Bedenken und müssen auf das atemberaubende Erlebnis verzichten.
So agieren tendenziell viele Menschen – auch im Beruf. Als Bedenkenträger setzen sie sich schon erst gar kein Ziel, weil sie zweifeln, es zu schaffen. Sie mühen sich unter der schweren Last ihrer Bedenken ab und kommen nur langsam, wenn überhaupt vorwärts. Sie bremsen sich aus und behindern den persönlichen Gipfelsieg im Leben. In einem solchen Fall empfehle ich den Shortcut „Ent-Sorgen“ als erste Wahl.

Und jetzt Action, hier die Praxisanleitung für Ent-Sorgen

1. Schritt: Spüren Sie Ihre größten Mentalbremsen auf

Überlegen Sie:

- ☐ Was beult Ihren mentalen Rucksack aus?
- ☐ Welche Hypotheken der Vergangenheit tragen Sie mit sich?
- ☐ Welche blockierenden Gedanken halten Sie davon ab, Ihr nächstes Ziel oder den Gipfel in Ihrem Leben zu erreichen?
- ☐ Welche Geschichte erzählen Sie sich selbst und halten sich damit zurück? Schauen Sie doch einmal in Ihrem Kopf nach.

Schreiben Sie alle Blockaden und Mentalbremsen auf, die Sie im Leben zurückhalten. Gehen Sie danach die Liste der Mentalbremsen auf der nächsten Seite durch.

Hier eine Liste von typischen Mentalbremsen,
die Ihren Rucksack beschweren können:

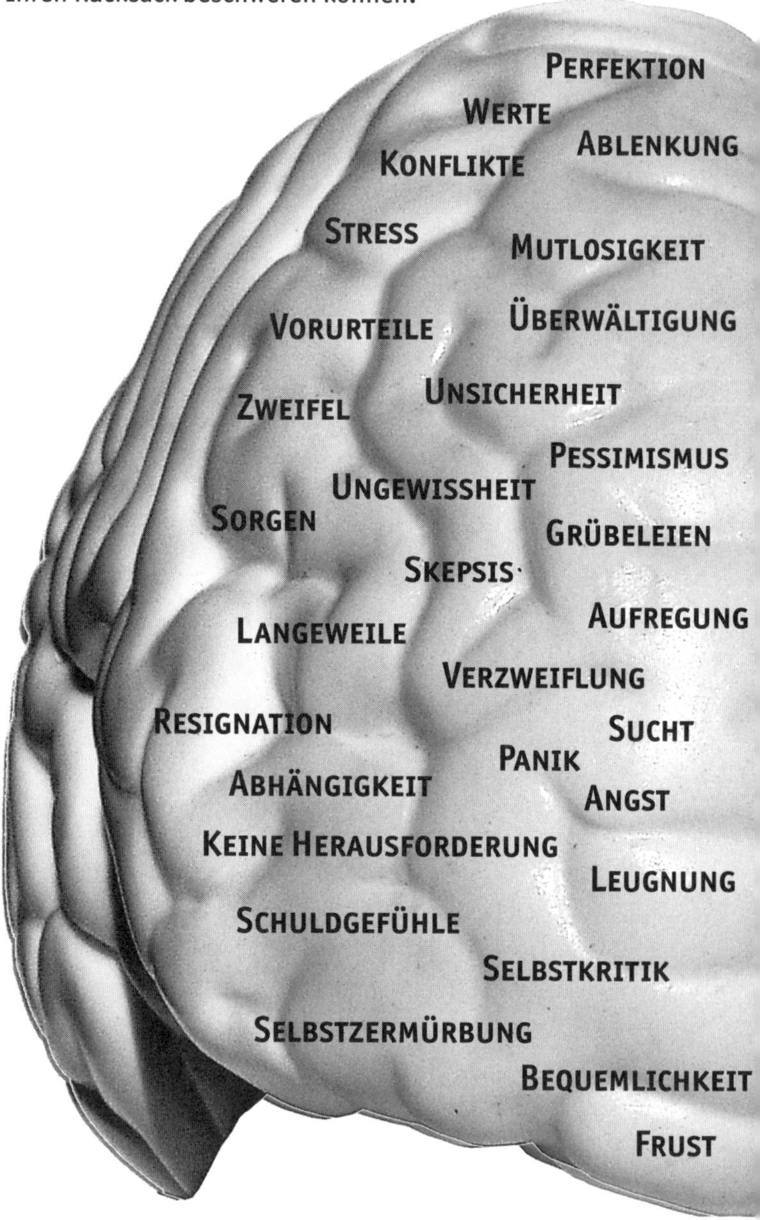

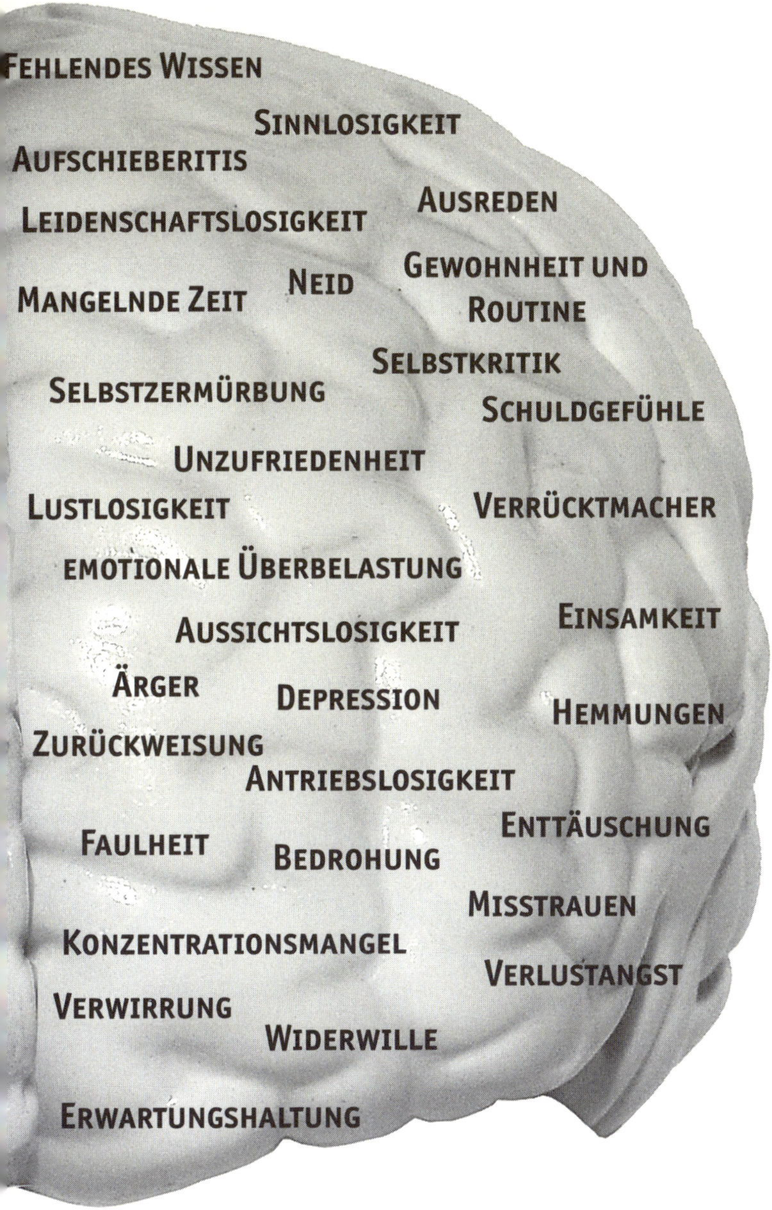
FEHLENDES WISSEN
SINNLOSIGKEIT
AUFSCHIEBERITIS
AUSREDEN
LEIDENSCHAFTSLOSIGKEIT
GEWOHNHEIT UND ROUTINE
NEID
MANGELNDE ZEIT
SELBSTKRITIK
SELBSTZERMÜRBUNG
SCHULDGEFÜHLE
UNZUFRIEDENHEIT
LUSTLOSIGKEIT
VERRÜCKTMACHER
EMOTIONALE ÜBERBELASTUNG
EINSAMKEIT
AUSSICHTSLOSIGKEIT
ÄRGER
DEPRESSION
HEMMUNGEN
ZURÜCKWEISUNG
ANTRIEBSLOSIGKEIT
ENTTÄUSCHUNG
FAULHEIT
BEDROHUNG
MISSTRAUEN
KONZENTRATIONSMANGEL
VERLUSTANGST
VERWIRRUNG
WIDERWILLE
ERWARTUNGSHALTUNG

Zwischencheck: Überprüfen Sie, ob es sich um eine mentale Blockade oder eine reale Angst handelt. Bei der realen Angst liegt eine bedrohliche Gefahrensituation vor. Wenn Sie sich beispielsweise in 50 Metern Höhe ungesichert in einer Felswand befinden und nicht gerade Weltmeister im Freeclimbing sind, handelt es sich durchaus um eine reale Angst, abzustürzen. Diese Angst signalisiert Ihnen, Sie sollten angepasst reagieren. Indem Sie sich den Klettergurt anziehen und in die Sicherung einhängen. Bei einer realen Angst handelt es sich somit auch nicht um eine mentale Blockade. Sie gehört nicht auf die Liste.

2. Schritt: Werfen Sie Ihre Mentalbremsen weg!
Um den Gipfel zu erreichen, müssen Sie sich von Ihren inneren Saboteuren und Mentalbremsen frei machen, indem Sie sich einfach „ent-Sorgen":
Auf Ihrer Liste sollten nun die mentalen Blockaden stehen, die Sie aktuell von Ihrem Ziel abhalten. Gehen Sie nun Punkt für Punkt durch. Streichen Sie jede Blockade fest durch und sagen zu jeder einzelnen: „Dich kann ich jetzt nicht gebrauchen."
Haben Sie die ganze Liste durch und alle ausgestrichen, zerknüllen Sie das Blatt und verabschieden Sie sich von Ihren Blockaden. Werfen Sie den Knäuel genussvoll in hohem Bogen in den Papierkorb. Freuen Sie sich, dass Sie getroffen und die Blockaden versenkt haben. Denken Sie ab jetzt nur noch an Ihre Stärken, Talente und Fähigkeiten. Schauen Sie nach vorn, denn Ihre alten Geschichten blockieren Sie nicht mehr.

Zusatztipp: In der Praxis hat es sich bewährt, direkt im Anschluss an den Shortcut „Ent-Sorgen" einen weiteren anzufügen. Hier bieten sich beispielsweise Shortcut Nr. 2 „Moment of Excellence" oder Nr. 10 „Selbstbewusstsein" an.
Vergessen Sie nicht, die positiven Auswirkungen der Übung halten immer nur eine bestimmte Zeit lang an. Dann sollten Sie den Shortcut wiederholen. Denn ähnlich wie mit dem Tagesmüll sammeln sich auch immer wieder neue, blockierende Gedanken im Kopf. Die müssen Sie wieder in der Tonne versenken. Entwickeln Sie am besten selbst ein Gespür dafür, wie regelmäßig Sie das Ent-Sorgen anwenden. Ich empfehle meinen Klienten im Coaching diese Technik als Basis-Werkzeug, das sie immer griffbereit haben sollten.

Fazit

Nichts behindert einen Menschen so sehr wie seine Mentalbremsen. Es gibt nur ein wirkungsvolles Mittel dagegen: Ent-Sorgen. Sonst tauchen immer wieder störende Gedanken auf und lösen Zweifel in uns aus. Eins weiß ich sicher: Kein Zweifler hat jemals mit seinen Zweifeln jemand anderen groß gemacht! Und schon gar nicht sich selbst! Wenn ein Zweifel auftaucht, wenden Sie den Shortcut „Ent-Sorgen" an.

Lassen Sie sich nicht weiter von Bedenken ausbremsen. Psychologen haben festgestellt, dass 90 Prozent von dem, was wir befürchten, nie eintrifft. Und die 10 Prozent Probleme, die eintreffen, können Sie spontan und intuitiv bewältigen. Setzen Sie deshalb den Shortcut „Ent-Sorgen“ ein. Das vertreibt Sorgen und schafft Platz für neue Ideen.

Kurzformel

Mentalbremsen aufschreiben, durchstreichen und wegwerfen.

Kerngedanken

Vor jedem Start werfen Sie zuerst allen mentalen Ballast ab.
Mentalbremsen behindern den Gipfelsieg im Leben.
90 Prozent von dem, was wir befürchten, trifft nie ein.

„Wer sich Sorgen macht, gibt seinen Sorgen Macht.“
ANDREAS TENZER

Denken Sie doch kurz über folgenden Satz nach:

„Gedanken, die ich nicht loswerde, werden mein Los.“

2. „Moment of Excellence“

Der Ur-Shortcut schlechthin aus dem NLP

Verzweifelt rief mich im Herbst 2010 eine Vertriebsleiterin aus der Medizintechnik-Branche an. Sabine M. aus Köln. Sie schilderte mir, dass sie im Frühjahr und Sommer ihre Vertriebsmannschaft intensiv geschult hatte. Dennoch blieben die Ergebnisse ihres Teams weit hinter den Zielvereinbarungen zurück. Sie bekam Panik: Bald schon wäre das Jahr zu Ende und sie würde hinter ihren Zielvorgaben zurückbleiben.Wir vereinbarten einen Termin und ich begleitete am nächsten Tag vier ihrer 20 Vertriebsmitarbeiter zu Verkaufsgesprächen. Ich kam zum gleichen Ergebnis wie Sabine M.: Mit der aktuellen Performance würde keiner bis Jahresende seine Zielvereinbarung erreichen. Was war das Problem? Alle waren perfekt, fachspezifisch geschult, doch die zwischenmenschliche Komponente fehlte völlig. Die Mannschaft bestand aus emotionsfreien Verkaufsmaschinen, die beim Kunden keinen Topzustand und keine Begeisterung abrufen konnten. Das war ganz klar ein Fall für mich.

Im ersten Schritt verwandelte ich die sachliche Begeisterung der Vertriebsmitarbeiter in wirkliche Emotionalität (Shortcut Nummer 6). Im zweiten Schritt zeigte ich ihnen, wie sie sich mit dem „Moment of Excellence“ in einen Topzustand versetzen konnten. Nach meinem Workshop agierte jeder Verkäufer auf einem ganz anderen Level und schaffte es, seine Fertigkeiten richtig auszuspielen. Mit dem „Moment of Excellence“ hatten sie nun eine einfache Technik, um sich sofort in einen Spitzen-Akquisezustand zu versetzen. Zum Beispiel, wenn der Kunde anrief oder sie in eine Präsentation gingen. Im Leistungsmoment legen sie nun den Schalter um und können ihr Bestes geben. Die Verkaufsergebnisse stiegen sprung-

haft an und das ursprüngliche Jahresziel wurde sogar übertroffen. Jeder Mitarbeiter war heilfroh, und die Vertriebsleiterin Sabine M. punktete bei ihrem Chef. Ich war überglücklich, dass ich diesem Team die Welt retten konnte. Alle waren happy.
Mit dem „Moment of Excellence“ lässt sich in jeder erdenklichen Situation ein Topzustand erzeugen. Viele Athleten wenden diese Technik an, und auch NLP-geschulte Führungskräfte nutzen sie in ihren Teams. Der „Moment of Excellence“ stammt aus dem NLP und ist der Ur-Shortcut schlechthin. Er beschreibt den Topzustand, in dem viele Ressourcen vorhanden sind. Zu den Ressourcen gehören beispielsweise Freude, Begeisterung, Energie, Mut, Selbstbewusstsein und Erfolgsmomente. Unter der Annahme, dass es für jede Handlung einen „Moment of Excellence“ gibt, wird diese Technik trainiert, um im Alltag genau diese Ressourcen abrufen zu können. Dabei spielt der Anker eine tragende Rolle. Ein Anker stellt einen Reiz dar, auf den eine Person in einer speziellen Weise reagiert. Natürliche Anker sind zum Beispiel Farben, die eine bestimmte Stimmung auslösen, Musik, die aktiviert oder beruhigt, oder ein Geruch, der einen an ein bestimmtes Ereignis erinnert. Der Anker fungiert als Auslöser, und Sie können diesen selbst setzen. Bei der folgenden Übung werde ich Ihnen drei Anker anbieten: einen kinästhetischen, einen auditiven und einen visuellen Anker. Ich empfehle Ihnen, alle drei zu nutzen und miteinander zu kombinieren. Sie stärken damit die Intensität.
Ich arbeite seit über zehn Jahren mit der Technik und habe sie in dieser Zeit weiter verfeinert. Die folgende Anleitung habe ich für Berater und Vertriebsmitarbeiter entworfen, um die Abschlussquote zu erhöhen.

Mentalcheck

Überlegen Sie, in welcher Situation Sie den „Moment of Excellence“ besonders benötigen. Zum Beispiel bei negativen Kundenreaktionen, die Sie früher aus der Fassung gebracht haben? Bei Einwänden oder Reklamationen? Wann wäre es toll, ihn einzusetzen?

Praxisanleitung

1. Schritt: Einen „Moment of Excellence“ abrufen und mit allen Sinnen erleben
Denken Sie an einen erfolgreichen und glücklichen Verkaufsmoment, in dem Sie mit allen Ihren Ressourcen präsent waren. Idealerweise erhielt Ihr Kunde durch Sie einen großen Vorteil. Für Sie beide entstand eine klassische Win-win-Situation. Denken Sie intensiv an diesen Moment. Erleben Sie den Moment noch einmal mit allen Sinnen. Welche Bilder können Sie sehen? Erinnern Sie sich an die Stimmen von damals? Wie haben Sie sich gefühlt? Was haben Sie empfunden? Erinnern Sie sich einen Geruch oder Geschmack? Lassen Sie den Moment in Ihrer Erinnerung ganz lebendig entstehen.

2. Schritt: Verkörpern und ankern

Wenn Sie gerade noch nicht stehen, stellen Sie sich jetzt aufrecht hin. Nehmen Sie eine energiegeladene Haltung ein und versuchen Sie den Zustand von damals möglichst zu verkörpern. Atmen Sie so, wie Sie damals geatmet haben. Halten Sie Schultern, Rücken und Kopf wie in diesem Moment. Spüren Sie die Energie. Bringen Sie die ganze Energie in Körper, Geist und Herz in das Hier und Jetzt. Denken Sie intensiv an das Erfolgserlebnis und verstärken Sie diesen Zustand. Wenn Sie den Zustand ganz intensiv wahrnehmen, rufen Sie die drei folgenden Anker ab und verschmelzen Sie in diesem Moment.

Der Bewegungsanker (kinästhetisch)

Setzen Sie den Bewegungsanker, indem Sie beispielsweise eine Faust ballen, mit den Fingern schnipsen oder sich die Hände reiben. Führen Sie diese Bewegung während dieser Übung mehrmals aus. Diese Bewegung ist Ihre magische Bewegung, mit der Sie sich in Zukunft bewusst in Ihren persönlichen „Moment of Excellence“ bringen.

Ein Schlüsselwort (auditiv)

Erinnern Sie sich an ein Wort oder einen Satz, der mit dem damaligen Verkaufserfolg in enger Verbindung steht. Nutzen Sie dies als Schlüsselwort bzw. -satz.

Erfolgsbild (visuell)

Erinnern Sie sich an ein Bild, ein Foto oder eine Grafik, die Ihren Erfolgsmoment ablichtet? Stellen Sie sich dieses Bild intensiv vor.

Verschmelzen Sie diese drei Anker miteinander

Sehen Sie das Bild vor Ihrem inneren Auge, während Sie das Schlüsselwort laut aussprechen und Ihre magische Bewegung ausführen. Wiederholen Sie die drei gemeinsam, bis sie miteinander verschmelzen. Genießen Sie diesen Zustand, den Sie selbst immer wieder erzeugen können. So oft Sie wollen.

3. Schritt: Stark für die Zukunft

Mit der konzentrierten Energie und den drei Ankern reisen Sie in eine zukünftige Verkaufssituation. Sehen Sie sich in einer Situation, die Ihnen in den nächsten Tagen bevorsteht. Rufen Sie Ihren „Moment of Excellence“ mit den drei Ankern ab. Sehen Sie sich ganz deutlich in dem Moment. Spüren Sie, wie Ihre ganze Kraft, die jetzt in Ihnen ist, auch dann voll in Ihnen präsent ist. Sehen Sie ein klares Bild in Farbe vor Ihrem inneren Auge. Hören Sie die Geräusche und Stimmen von anderen Menschen. Tragen Sie Gewissheit und Energie in sich. Sehen Sie sich stark handeln. Sie erzielen den gewünschten Verkaufserfolg. Genießen Sie diesen Augenblick in Ihrem Körper, in Ihrem Geist und im Herzen. Können

Sie sich sehen, hören und spüren? Wie fühlt sich der Moment an?
Machen Sie eine kleine Pause und lassen Sie den Gedanken ziehen. Wiederholen Sie Schritt drei weitere zwei Male. Intensivieren Sie den „Moment of Excellence" bei jeder Wiederholung.

Transfer ins Berufsleben: Bevor Sie den „Moment of Excellence" das erste Mal in der Praxis anwenden, spielen Sie ihn mehrmals durch. Testen Sie den realen Einsatz erst mit einer kleinen Herausforderung und steigern Sie danach die Schwierigkeit der Situation. Genießen Sie alle Ihre Ressourcen, die durch Körper, Geist und Herz fließen. Sie können den „Moment of Excellence" einsetzen, so oft Sie wollen.

Fazit

Fantastisch! Ich liebe diese Übung, weil sie den Spitzenzustand aktiviert und weil sie so intensiv ist. Meine Erfahrung mit dieser Technik ist die folgende: Wann immer ich in eine entscheidende Situation in meinem Leben gerate, rufe ich eine Kurzversion des „Moment of Excellence" ab. Manchmal im Auto, auf dem Weg zu einem Termin oder auf den letzten Schritten zu einem Treffpunkt. Und es wirkt immer gigantisch.
Wenn Sie die Übung einige Male trainiert haben, können Sie den „Moment of Excellence" über den kinästhetischen, auditiven oder visuellen Anker abrufen. Der „Moment of Excellence" funktioniert wie ein Zauberring. Sie reiben daran und kommen in Ihren Topzustand, in Ihre Bestform.
Ich denke, der „Moment of Excellence" ist für die persönliche Entwicklung ein Basic-Shortcut, den jeder beherrschen sollte. Er hilft im Verkauf genauso wie im Spitzensport. Das Leistungspotenzial kann punktgenau abgerufen werden und Sie können damit Ihre Abschlussquote, Ihre Performance beträchtlich erhöhen.

Kurzformel

Rufen Sie mit Ihren drei Ankern (Bewegungsanker, Schlüsselwort, Erfolgsbild) Ihren „Moment of Excellence" ab und erleben ihn mit allen Sinnen.

Kerngedanken

Der „Moment of Excellence" beschreibt den Topzustand.
Ihre Ressourcen werden aktiviert.
Der Knopfdruck kann sein: Bewegungsanker, Schlüsselwort und Erfolgsbild.

„Wirkliches Lernen geschieht, wenn das Konkurrenzdenken aufgehört hat.“

JIDDU KRISHNAMURTI (1895–1986)

3. Ego überwinden

Klarer sehen, schneller am Ziel

An einem Samstag im Herbst bat mich der Cotrainer eines Vereins der 2. Fußballbundesliga um ein dringendes Gespräch. Ich flog direkt am nächsten Morgen für ein einstündiges Meeting in den Norden. Der Verein befand sich auf Platz 6 in der 2. Bundesliga. Ratlos. Perspektivlos. Vom gewünschten Wiederaufstieg in die 1. Liga weit entfernt.

Bei unserem ersten Treffen lernte ich den Trainer, den Cotrainer, den Geschäftsführer und den Mannschaftsarzt kennen. Wir saßen in einem kleinen Büro auf dem Vereinsgelände. Die geplante Stunde weitete sich auf über sechs Stunden aus. Allen war der Ernst der Lage bewusst. Doch der hochdotierte Trainer tappte die ersten zwei Stunden in eine Art Egofalle. Er berichtete seine ganze Erfolgsgeschichte. Den Anfang machten Anekdoten als junger Fußballtrainer und seine erste Stelle als Cotrainer. Als ein Höhepunkt folgte eine Deutsche Meisterschaft mit einem anderen Club. Er berichtete von seinen unorthodoxen Motivationskünsten: In einem anderen Verein hatte er seine Spieler über heiße Kohlen gehen lassen (er vergaß zu erwähnen, dass es damals nichts gebracht hatte) und Seminare bei Dax-Unternehmen zur Mitarbeitermotivation veranstaltet.

Er drehte sein Ego auf und gab allen im Raum zu verstehen, er brauche keinen zusätzlichen Mentaltrainer. Er kann das ja alles selbst. Geduldig lauschte ich und wartete auf den richtigen Moment. Ich blickte ihm tief in die Augen und sagte: „Ich weiß genau, was das Team braucht, und ich kann Sie unterstützen. Doch der Schlüssel zur Mannschaft, das sind Sie. Bevor wir mit dem Team arbeiten, brauchen wir beide einen Tag zusammen.“ Im Raum herrschte Totenstille. Keiner der Anwesenden wusste, wie der Trainer und Meister darauf reagieren würde. Bis

dato war ich damals auch ein relativ unbekannter Mentaltrainer. Er schaute nachdenklich aus dem Fenster und sagte: „Ich mache alles, was dem Aufstieg hilft.“ In diesem Moment sprang der Cheftrainer über sein Ego und öffnete sich neuen Perspektiven. Respekt, wenn sich jemand zurücknehmen kann!
Wir begannen sofort das weitere Vorgehen zu planen. Einzelgespräche mit Spielern und ein Teamworkshop folgten. Daraufhin gewann die Mannschaft drei von vier Spielen und stand zur Winterpause auf einem Aufstiegsplatz. Der Turnaround war geschafft, und am Saisonende stieg der Verein in die 1. Bundesliga auf.

Ego = zweites Ich

Das Wort „Ego“ beschreibt einen Menschen mit großer Selbstgewissheit. „Er hat ein ausgeprägtes Ego“ bedeutet zum einen, dass ein Mensch sich seiner selbst bewusst ist. Dabei erfüllt das Ego eine wichtige Aufgabe zum Selbstschutz. Ohne das Ego könnte ein Mensch nicht überleben, denn es bewahrt die eigene Identität. Das Problem: Die Grenze zur Selbstüberschätzung verläuft fließend. Zum anderen kann die Formulierung ausdrücken, dass sich jemand einen zu hohen Wert zumisst. Ein überzogenes Ego tendiert zur Arroganz und zur Überheblichkeit. Als Folge davon können Hemmungen fallen und das Gespür für Recht verloren gehen. Forscher wissen inzwischen, dass Selbstüberschätzung vor allem durch Narzissmus begünstigt wird. Narzisstische Egos suchen ständig Anerkennung sowie Bewunderung und verhalten sich unangepasst gegenüber anderen. Ein erzwungenes, zwanghaftes Ich entsteht.

Seien Sie nie arrogant, aber immer selbstbewusst

Zwischen Selbstbewusstsein und Arroganz besteht ein Unterschied. Arrogante Menschen sind entweder Angeber, weil sie mehr sein möchten, als sie sind. Oder sie sind unsicher und wählen die Arroganz als Selbstschutz. Ein Mensch mit Selbstbewusstsein hingegen ist sich seiner selbst bewusst – mit all seinen Stärken und Schwächen.

Die Egofalle

Das Ego kann das größte Hemmnis für die persönliche Entwicklung darstellen. Als Coach erlebe ich immer wieder Menschen, die aus Prinzip so bleiben möchten, wie sie sind. Überzeugt von ihrem Weg merken sie nicht, dass sie im eigenen Saft schmoren. Sie glauben, alles zu wissen. So ein Quatsch. Keiner kann alles wissen. Die typischen Besserwisser übersehen, was alles möglich wäre. Sie können am wenigsten erkennen, dass sie Beratung brauchen. Ihr Ego steht ihnen im Weg. Getragen von ihrer Eitelkeit übersehen sie das eigene Potenzial und glauben, alles alleine stemmen zu können. Hilfe von anderen? Nein, danke! Stattdessen verschanzen

sie sich hinter einer Fassade und nehmen die Konsequenzen ihrer Unfähigkeit in Kauf. Ihre Fähigkeit, sich auf das eigene (Vor-)Urteilsvermögen und auf sich selbst zu verlassen, hat sie ja erst dorthin gebracht, wo sie heute stehen. Wer erfolgreich ist, wird in seinem Ego bestätigt und schließt daraus: Ich muss gut sein. Warum also sollte ich meine Erfolgsformeln ändern?
Doch: Diese Einstellung wirkt wie eine Firewall. Neue Impulse werden zum Schutz des Selbstbilds abgeblockt. Persönliche Entwicklung aber basiert nicht nur auf einem Leben nach strengen Regeln. Genauso erfordert es den Weitblick, die Offenheit gegenüber Neuem und die Fähigkeit zur Zusammenarbeit. Genau diese Fähigkeit besitzen die Besten der Besten. Sie konsultieren Coaches zur Persönlichkeitsentwicklung und Berater für aktuelle Herausforderungen.

Das Ego als Aufstiegsturbo

Der Egotrip fördert den Aufstieg. Eine Managerkarriere macht man meistens nur, wenn man sich selbst überschätzt und die Anerkennung sucht. Ein starkes Ego ist für den beruflichen Aufstieg und den sportlichen Wettkampf nötig. Es aktiviert die innere Antriebskraft, die es erfordert, Ziele zu erreichen. Menschen mit dieser Ausstattung sind Vorbild für andere, die nicht so antriebsstark sind. Hat man die Position inne, dient das Ego als Schutz gegen Angreifer und Mitbewerber. Deshalb können zwei Alphatiere nicht zusammenarbeiten. Sie verwenden ihre Kraft, um ihr Territorium zu verteidigen, anstatt sich auf produktive Prozesse zu konzentrieren. Das behindert den Unternehmenserfolg. Am Ende bleibt einer der beiden auf der Strecke.

Wettbewerb und Konkurrenzdenken

Starke Egos neigen zu Konkurrenzdenken. Die Wettkampfmentalität des Egos fordert nicht nur gut zu sein, sondern der Beste zu sein. Das Ego will den sofortigen Erfolg und die innere Genugtuung, recht zu haben. Außerdem giert es nach Anerkennung. Das Ego ist darauf bedacht, sich im besten Licht zu zeigen. Das erhöht die innere Erwartung und aktiviert den inneren Selbstschutz. Beim Wettbewerb in eigener Sache könnte das Selbstbild in Gefahr geraten. Das erzeugt emotionale Blockaden und Verspannungen. Natürliche Kräfte werden abgeschnitten und die Authentizität bleibt auf der Strecke.

Ich. Meiner. Mir. Mich.

Der aktuelle Zeitgeist und die fast narzistische Individualisierung bilden einen fruchtbaren Nährboden für ein übertriebenes Ego. Schönheitsideale, Sportidole und die kurzlebigen Superstars aus Castingshows prägen den Zeitgeist. Sie vermitteln, dass Erfolg, Reichtum und Glück durch Wettbewerb und Durchsetzungsvermögen entstehen. Und die Metabotschaft schwingt immer mit: „Du kannst und musst es alleine schaffen!“ Das führt zu einer Einstellung, die sich mehr an persönlichen Interessen ausrichtet als an der Rücksichtnahme auf andere. Manfred Prisching, Professor für Wirtschaftssoziologie an der Universität Graz, beschreibt den Effekt als „Me-Generation“. In seinem Buch „Das Selbst, die Maske, der Bluff“ bringt er es auf den Punkt: „Ihr wurde von Anfang an das Credo des euphorischen Individualismus vorgebetet und eingebläut.“ Die Vertreter der „Me-Generation“ sind im Alter von heute Jugendlichen bis zu Personen in den späten Dreißigern. Sie halten es für selbstverständlich, dass nur sie selbst zählen. Sie inszenieren die eigene Person. Konsumabhängig glauben sie, ihr Ich kaufen zu können.

Tipp 1: Sie sind ehrgeizig. Sicher, ganz sicher sogar. Sonst hätten Sie dieses Buch nicht zur Hand genommen. Das ist in Ordnung, es liegt in der menschlichen Natur. Schon von klein auf wollen wir gewinnen. Und sei es nur „Mensch ärgere dich nicht“, „Uno“ oder Tennis. Heute , im beruflichen Wettbewerb wollen wir andere übertreffen und streben nach Aufstieg, Macht, Erfolg und Reichtum. Weil wir ehrgeizig sind. Ob Sie erfolgreich mit Ihrem Ehrgeiz sind, das wissen nur Sie. Sie können allerdings noch erfolgreicher als bisher sein, wenn Sie von jetzt an nicht nur ehrgeizig, sondern zielbewusst sind. Beim Thema Ehrgeiz dreht sich alles um Sie. Beim Thema Zielbewusstsein beziehen Sie automatisch andere mit ein und sind gedanklich in einem Prozess. Alleine diese kleine Gedankenänderung ist schon ein erster großer Schritt aus der Egofalle. Dieser innere Anspruch führt zu einem anderen Denken, Fühlen und Handeln. Mit besseren Ergebnissen!

Tipp 2: Fragen Sie sich manchmal: Wofür arbeite ich? Für mehr Geld auf dem Bankkonto? Um mich selbst zu verwirklichen? Für mein/unser Glück, wie auch immer das aussehen mag? Ich glaube nicht. Am Ende des Tages zählt, ob und wie jeder von uns geholfen hat, das Leben für andere besser zu machen. Welchen Beitrag habe ich mit einem Produkt, einer Dienstleitung und vor allem mit meiner Persönlichkeit geleistet, ist die Frage, die wahren Reichtum, sinnstiftenden Reichtum fördert.

Mentalcheck: Haben Sie Ihr Ego im Griff?

Beantworten Sie bitte die folgenden Fragen:

- ☐ Tun Sie manchmal Dinge, nur um gut dazustehen?
- ☐ Tun oder sagen Sie Dinge, nur um Recht zu haben?
- ☐ Benötigen Sie übermäßig Anerkennung von anderen?
- ☐ Kaufen Sie Sachen, um anderen zu gefallen?
- ☐ Kennen Sie Ihre Schwächen?
- ☐ Können Sie Ihre Leistung realistisch einschätzen?

- ☐ Wie stehen Sie sich mit Ihrem Ego selbst im Weg?
- ☐ Was ist Ihr Problem, das Sie abhält, besser zu werden?
- ☐ Erwarten Sie manchmal zu viel von sich?
- ☐ Was ist die positive Intention hinter Ihrem Ego?
- ☐ Haben Sie heute Ihr Bestes gegeben, um andere zu unterstützen?

Praxisanleitung, um Ihr Ego zu überwinden

Dieser Shortcut soll das Ego regulieren, nicht völlig ausschalten. Es geht darum, besser als das alte Ich zu werden. Denn wie bereits erwähnt, bewahrt das Ego die eigene Identität. Mit der folgenden Übung können Sie ein übermächtiges Ego zurücknehmen, wenn es auftaucht.

1. Schritt: Selbstschutz ausschalten

Wie wir eben gehört haben, stellt ein starkes Ego einen Selbstschutz dar. Diesen Mechanismus schalten Sie aus. Versetzen Sie sich zuerst in einen Zustand, in dem Sie komplett beschützt sind. Nichts kann Ihnen jetzt passieren. Konzentrieren Sie sich auf diesen Zustand, bis Sie ihn spüren.

2. Schritt: Sich selbst nicht so wichtig nehmen

Bleiben Sie bei Verstand. Das Ego wird emotional gesteuert und ist im inneren Dialog empfänglich für Eitelkeit, Trotz und Verletzung. Sagen Sie sich: „Es geht gerade nicht um mich." Bleiben Sie rational. Richten Sie stattdessen den Fokus auf zwei Punkte: auf das Ziel und auf die Frage: Wie kann ich andere unterstützen?

3. Schritt: Seien Sie offen.

Um Neues zu erfahren, müssen Sie Ihre Kapazität weit öffnen. Um etwas aufnehmen zu können, müssen Sie aufmachen. Das große Problem ist: Ab einem Alter von zirka 35 Jahren beginnen wir, nicht mehr offen zu sein, sondern auf die Erfahrung unseres Egos zu hören. Das begrenzt uns. Machen Sie bewusst auf bei Themen wie persönliche Defizite abbauen, Fähigkeiten entwickeln, Vertrauen, Wertschätzung, Respekt und Empathie.

4. Schritt: Lassen Sie einen anderen Teil in sich sprechen, nicht das Ego.

Neben Ihrem Ego haben Sie noch weitere Persönlichkeiten in sich. Überlegen Sie, wen Sie stattdessen sprechen lassen. Den Führsorglichen, den Liebenden, den Weisen. Wählen Sie eine Persönlichkeit aus und bringen Sie Ihr bestes Ich zum Vorschein. Fragen Sie sich: Was würde diese Persönlichkeit jetzt denken? Wie würde sie sich fühlen? Was würde sie sagen? Wie würde sie jetzt handeln? Holen Sie die gewünschte Persönlichkeit in Ihr Bewusstsein. Denken, fühlen, sprechen und handeln Sie danach.

Transfer ins Berufsleben

Stellen Sie sich eine konkrete Situation im Beruf vor, in der Ihr Ego zu übermächtig ist. Gehen Sie die vier Schritte im Gedanken mindestens dreimal genau so durch wie beschrieben. Bringen Sie Ihr bestes Ich zum Vorschein. Lassen Sie diese Persönlichkeit für Sie denken, fühlen, sprechen und handeln. Dann gehen Sie im nächsten Schritt in die reale Situation. Genießen Sie diese Persönlichkeit und beobachten Sie die Reaktionen der anderen.

Mentalcheck

Was sagt Ihr Ego zu diesem Shortcut? Fühlt es sich ungewohnt an? Verspüren Sie einen Hauch des inneren Widerstandes? Dann beschützt Ihr Ego Ihre bisherige Identität. Oder waren Sie offen und Ihnen hat die Übung spontan gefallen? Wie auch immer, wenn Sie von der Egofalle betroffen sind, bleiben Sie dran. Üben Sie den Shortcut einige Male, sodass Sie ihn bei Bedarf sofort parat haben.

Fazit

Der Zeitgeist, die Gesellschaft und die Werbeindustrie trimmen uns darauf, uns ständig mit anderen zu vergleichen. In Wirklichkeit aber geht es nicht darum, besser zu werden als jemand anderer. Sondern darum, besser als man selbst zu werden. Dabei helfen Ihnen die vier Schritte dieses Shortcuts. In allen Zeiten waren die Menschen erfolgreich und glücklich, die ihr Ego überwunden und sich um andere gekümmert haben. Denn wofür arbeiten Sie am Ende des Tages?

Kurzformel

Beschützter Zustand
Andere unterstützen und Ziel fokussieren
Aufmachen und offen sein
Ihr bestes Ich sprechen lassen

Kerngedanken

Seien Sie nie arrogant, aber immer selbstbewusst.
Konkurrenzdenken blockiert und isoliert.
Zielbewusstsein ist besser als Ehrgeiz.
Seien Sie offen.
Wie kann ich andere unterstützen?
Bringen Sie Ihr bestes Ich zum Vorschein.

„Die beste Methode, der Welt zu dienen, ist, den egolosen Zustand zu gewinnen."

RAMANA MAHARSHI (1879–1950)

„Ärgere dich nicht darüber,
dass der Rosenstrauch Dornen trägt,
sondern freue dich darüber,
dass am Dornenstrauch Rosen blühen."

ARABISCHES SPRICHWORT

4. Reframing

Neue Perspektiven eröffnen neue Chancen

Geht jemand Gehirn kaufen und wundert sich, dass weibliche Gehirnzellen viel billiger sind als männliche! Warum? Die weiblichen waren gebraucht.
Dieser Witz stammt aus der NLP-Gemeinde und veranschaulicht das Prinzip des Reframing. Durch Umdeuten einer Situation entsteht ein anderer Sinn, weil man durch einen anderen Rahmen (frame) sieht. Während Reframing in Therapien und im NLP angewendet wird, handelt es sich um eine geläufige Alltagskompetenz, wie das folgende Beispiel zeigt. „Scherben bringen Glück!“, heißt es im Volksmund. Mit dem neuen Rahmen entsteht eine positive Erwartung. Die zerbrochene Tasse spielt in dem Moment keine Rolle mehr, weil das viel wertvollere Glück den Verlust ersetzt. Das hilft in vielen Situationen, denn oft beurteilen Menschen ihre Lage schlechter, als sie tatsächlich ist, und blockieren sich damit.
Reframing erlaubt mithilfe der Sprache und des Denkens, die Welt aus einer neuen Perspektive zu betrachten, indem der Rahmen erweitert oder verschoben wird. Das verändert die Bedeutung des Ereignisses und das wiederum ändert das Verhalten.
Es gibt auch Ereignisse in unserem Leben, die wir nicht in der Hand haben. In solchen Fällen können wir das Endgültige nur akzeptieren. Der Theologe Reinhold Niebuhr (1892–1971) bringt das in seinem Gelassenheitsgebet auf den Punkt: „Gott gebe mir die Gelassenheit, Dinge hinzunehmen, die ich nicht ändern kann, den Mut, Dinge zu ändern, die ich ändern kann, und die Weisheit, das eine von dem anderen zu unterscheiden.“
Mit dem Wechsel der Perspektive gelingt es uns, unsere Einstellung so anzupassen, dass wir aus jeder Situation das Beste machen können. Auch wenn wir die Ereignisse selbst nicht in der Hand haben, können wir doch unsere Perspektive verän-

dern. Eine zunächst negative Bedeutung erhält mit dem neuen Rahmen unerwartet eine Wendung. Das können Profis perfekt!

Ein dramatisches Beispiel für ein erfolgreiches Reframing stammt aus der Lebensgeschichte der Formel-1-Rennfahrer Michael und Ralf Schumacher. Die Rennsaison 2003 begann für Michael Schumacher mit Fahrfehlern und einem Totalausfall beim dritten Rennen in Sao Paulo. Nach den drei Rennen hatte er bereits 18 Punkte Rückstand auf Kimi Räikkönen im „Silberpfeil". In den frühen Morgenstunden des 20. April 2003 verstarb Elisabeth Schumacher, die Mutter der beiden Brüder, an Krebs. Es war der Tag des vierten Rennens in Imola. Die Brüder wurden auf eine harte Probe gestellt. Anstatt in tiefe Trauer zu verfallen, schafften sie eine Umbewertung des Ereignisses. In einer Stellungnahme sagte Michael Schumacher später: „Meine Mutter liebte es, auf der Kartbahn zu sein. Sie liebte es, wenn wir in unseren Karts über die alte Strecke in Kerpen düsten, und sie liebte es, uns Rennen fahren zu sehen. Meine Mutter und mein Vater haben uns immer unterstützt. Sie haben uns ermöglicht, das zu machen, was wir machen. Sie hätte gewollt, dass wir dieses Rennen fahren, da bin ich mir sicher." Tatsächlich entschieden sich die Brüder dafür, am Rennen teilzunehmen. Michael gewann das „Ferrari-Heimrennen", den Großen Preis von San Marino in Imola, und bestieg das Siegerpodest mit Trauerflor am Ärmel und Tränen in den Augen. Sein Bruder Ralf wurde Vierter. Es war Michaels erster Sieg in dieser Saison, und es waren wichtige Punkte für den Gesamtsieg. Michael Schumacher gewann den Weltmeistertitel in diesem Jahr. Im letzten Rennen mit zwei Punkten Vorsprung vor Kimi Räikkonen – und war damit zum sechsten Mal Weltmeister.

Ich benutze die Technik des Reframings in meinen Coachings immer dann, wenn jemand jammert und in Selbstmitleid zerfließt. Ich verändere die Perspektive meiner Klienten zum Beispiel mit folgenden Worten: „Wenn Sie glauben, dass es Ihnen schlecht geht, denken Sie einmal an die Menschen, die jetzt gerade in einer Klinik liegen und eine unheilbare Krankheit haben, etwa Krebs. Sie sind im Endstadium der Erkrankung und haben alles versucht, um den Krebs zu besiegen, haben belastende Therapien wie Bestrahlungen und Chemotherapie hinter sich. Sagen Sie mir jetzt, wie groß ist Ihr Problem im Vergleich zu diesem Leid?"

Diese Art von Reframing mag sich vielleicht drastisch anhören, doch sie funktioniert. Immer. Im geschäftlichen wie im privaten Bereich. Auch bei Männern, die sich beklagen, weil ihre Anlagerendite von sechs auf vier Prozent gesunken ist.

Jeder kann Reframing anwenden. Vor allem im Beruf funktioniert es hervorragend. Damit lässt sich der unbewusste Prozess regulieren.

Dieses automatisierte Bewerten läuft nicht objektiv ab, sondern es geschieht subjektiv, innerhalb des gewohnheitsmäßigen Denkens und Fühlens. Die Perspektive Betroffener engt sich ein. Derjenige, der blockierende Bewertungen beheimatet,

bremst sich, ohne es zu merken, selbst aus. Denn die Bewertung führt auch zu einem bestimmten Fühlen und Handeln, das nicht immer von Vorteil oder angemessen sein muss. Durch das Verschieben des Rahmens mit dem Blick auf das große Ganze erhält die Situation eine neue Bedeutung. Wir schlüpfen in die Rolle des unabhängigen Beobachters. Mit der neuen Sicht ändern sich Empfinden und Verhalten.
Die Brüder Schumacher konnten trotz des gewaltigen menschlichen Verlustes Spitzenleistungen abrufen, weil sie sich einen erweiterten Rahmen geschaffen haben. Beim Bedeutungs-Reframing bleibt der Inhalt einer Situation unverändert, er bekommt lediglich eine neue Bedeutung, indem eine neue Betrachtungsweise hinzugefügt wird.
Manche Menschen werden nach einem tragischen Erlebnis oder während eines Konflikts von Gefühlen wie Frustration oder Depression überwältigt. In diesen Momenten wird die Sicht durch einen Rahmen eingrenzt. Ändern sie nicht schnell genug den Rahmen, ist es möglich, dass sie in diesen Gefühlen stecken bleiben. Manche missbrauchen in dieser Lage Alkohol oder Drogen. Andere gehen zum Arzt und lassen sich Medikamente verschreiben. Damit werden die Symptome zwar kurzfristig betäubt, die Ursache wird aber nicht behoben. Zudem schwächt man den Körper durch die Nebenwirkungen. Das alles zusammen führt oftmals in einen Teufelskreis mit Suchtpotenzial. Deshalb ist die Fähigkeit des Reframings eine wesentliche Technik für die eigene Psychohygiene und Gesundheitsprävention. Und wer erkannt hat, dass er seinen Rahmen selbst auswählen kann und diese Technik des Reframings anwendet, der kann mehr Energie in sich aktivieren.

Praxisanleitung

Ändern Sie bewusst den Blickwinkel auf Situationen und Ereignisse. Sprengen Sie den alten Betrachtungsrahmen. Verlassen Sie den festgefahrenen Standpunkt und lassen Sie neue Perspektiven zu. So tauchen auf einmal Chancen auf, wo vorher Probleme waren.

Vorbereitung

Nehmen Sie etwas – eine Situation, ein Ereignis, eine Verhaltensweise – aus Ihrem Leben, das Sie durch Ihre momentane Sichtweise blockiert und das Sie verändern möchten. In Zukunft können Sie ähnlichen Situationen vorbeugen oder sie ganz vermeiden. Sie können sich zum Beispiel fragen:
Gibt es Situationen in meinem beruflichen Alltag, die negative Gefühle und Erinnerungen hervorrufen? Was genau ist es, und welche Perspektive nehme ich dabei ein?

Übungsausführung

1. Schritt: Mit Fragen neue Perspektiven entdecken

Beginnen Sie Ihren Blickwinkel zu verändern. Die gegenwärtige Situation birgt ein Lernpotenzial und ist ein einzigartiges Geschenk, wenn Sie es so annehmen möchten. Verlassen Sie dazu Ihre gewohnte Perspektive, indem Sie sich die folgenden Schlüsselfragen stellen und sich darauf Antworten geben:

- Durch welche Brille würde mein Coach diese Situation sehen?
- Was würde mir mein bester Freund raten?
- Wie würde der weltweit beste Berater diese Situation einschätzen?
- Was kann ich der Situation an Gutem abgewinnen?
- Welche Bedeutung wird das Problem für mein Leben in zehn Jahren haben?
- Was ist lustig an dieser Situation?
- Welchen Nutzen und welche Chancen kann ich erkennen?
- Was habe ich gewonnen, wenn ich diese Situation bewältigt habe?
- Wie schlimm ist meine Situation verglichen mit dem Leid anderer?
- Wie kann ich mir durch die Erfahrung sofort einen Vorteil verschaffen?
- Welchen tieferen Sinn hat das Ereignis für mein Leben?
- Was würde der stärkste, mutigste, liebevollste Teil meiner Persönlichkeit jetzt tun?

2. Schritt: Bewerten Sie die Situation neu

Machen Sie aus einer negativen Bewertung, aus der Sie keine Energie schöpfen können, eine neue, die Ihnen Kraft gibt. Erkennen Sie die Möglichkeiten, die sich ergeben. Ein Umdeuten ist für Sie dann erfolgreich, wenn Sie mit der neuen Sichtweise auch einen höherrangigen Wert für Ihr Leben erkennen können. Ein Golfer zum Beispiel, der einen Ball in einen Bunker verschlagen hat, kann sich sagen: Jetzt kann ich einen schwierigen Schlag üben. Der höhere Wert an dieser Stelle stellt das Lernen in dieser Situation dar.

Schreiben Sie Ihre neue Bewertung auf. Wiederholen Sie die neue Bewertung mehrmals mit lauter Stimme und verinnerlichen Sie diese.

3. Schritt: Übertragen Sie die neue Bewertung auf Ihr Leben

In einem weiteren Schritt stellen Sie sich einen Moment in Ihrem Leben vor, in dem die frühere Bewertung Sie behindert hat. Gehen Sie gedanklich zurück in diesen Moment, allerdings mit der neuen Bewertung, und sehen Sie sich erfolgreich handeln. Stellen Sie sich noch zwei weitere Situationen vor, in denen Sie mit der neuen Perspektive anders handeln. Ganz intensiv! Wie fühlen Sie sich mit der neuen Sichtweise?

4. Schritt: Wenden Sie das Reframing bei der nächstbesten Gelegenheit an.

Zusatztipp: Mein ultimatives Reframing für richtig schwierige Situationen ist der Satz bzw. der Erfahrungswert: „Ich habe schon Schlimmeres erlebt und durchgestanden." Machen Sie sich klar, dass Sie das Potenzial haben, auch die aktuelle Situation durchzustehen. Und sagen Sie sich: Es könnte noch viel schlimmer sein. Dadurch, dass Sie das Problem kleinreden, behalten Sie die Kontrolle und können aus einer Position der Stärke agieren.

Fazit

Nicht die Ereignisse sind schlimm, sondern die Gedanken darüber. Mit der Bewertung über ein Ereignis können wir uns blockieren und sogar jegliche Energie rauben. Mit dem Shortcut „Reframing" lässt sich ganz schnell eine Situation neu bewerten und damit eine unerwartete Wendung einleiten. Oliver Kahn, der ehemalige Torhüter der deutschen Fußball-Nationalmannschaft sprach in einer Podiumsdiskussion beim Weltwirtschaftsgipfel in Davos. Dabei zeigte er Parallelen zwischen dem Sport und dem richtigen Leben auf. Als wichtige Fähigkeit nannte er in dem Zusammenhang die Bereitschaft zu lernen, „Niederlagen und Krisensituationen in Chancen zu verwandeln". Genau das macht Reframing. Jeder, der seinen Lebenslauf kennt, weiß, dass er selbst diese Philosophie lebt. Dies gelingt einem Menschen immer dann, wenn er die Bewertungen in seinem Leben mit dem richtigen Framing selbst kontrolliert.

Kurzformel

Fragen führen zu neuen Blickwinkeln
Neubewerten der Situation
Übertragen der neuen Bewertung

Kerngedanken

Jeder scheinbare Nachteil zeigt sich an anderer Stelle als möglicher Vorteil.
Kein Problem ist permanent.
Ein Rückschlag in einem Lebensbereich zerstört nie das ganze Leben.
Eine neue Perspektive verändert die Bedeutung des Ereignisses.
Reframing macht aus Krisen Chancen.

„Der eine sieht nur Bäume, Probleme dicht an dicht.
Der andre Zwischenräume und das Licht."
UNBEKANNT

*„Der Pessimist sieht in jeder Chance eine Bedrohung.
Der Optimist in jeder Bedrohung eine Chance.“*

Chinesisches Sprichwort

Zum Abschluss noch eine Geschichte zum Framing, die ich im Internet bei einem NLP-Portal gefunden habe (http://nlpportal.org):

Arme Leute

Eines Tages nahm ein Mann seinen Sohn mit aufs Land, um ihm zu zeigen, wie arme Leute leben. Vater und Sohn verbrachten einen Tag und eine Nacht auf einer Farm einer sehr armen Familie. Als sie wieder zurückkehrten, fragte der Vater seinen Sohn: „Wie war dieser Ausflug?"
„Sehr interessant!", antwortete der Sohn.
„Und hast du gesehen, wie arm Menschen sein können?"
„Oh ja, Vater, das habe ich gesehen."
„Was hast du also gelernt?", fragte der Vater.
Und der Sohn antwortete: „Ich habe gesehen, dass wir einen Hund haben und die Leute auf der Farm haben vier. Wir haben einen Swimmingpool, der bis zur Mitte unseres Gartens reicht, und sie haben einen See, der gar nicht mehr aufhört. Wir haben prächtige Lampen in unserem Garten und sie haben die Sterne. Unsere Terrasse reicht bis zum Vorgarten und sie haben den ganzen Horizont."
Der Vater war sprachlos.
Und der Sohn fügte noch hinzu: „Danke, Vater, dass du mir gezeigt hast, wie arm wir sind."

„Nichts ist so sexy wie Lebensfreude.“

SUSAN SARANDON

5. Lebensfreude

Glücksgefühle als Beflügler nutzen

Das Hotel am Augustiner Platz ist in Köln mein Zuhause, wann immer ich in der Rheinmetropole auf Geschäftsreise bin. Warum? Weil das ganze Team und der junge Hotelier Leon Lebensfreude auf der ganzen Linie versprühen. Ganz nebenbei baut Leon noch ein Beratungsunternehmen sowie ein Internetportal für andere Hotels auf und ist obendrein glücklicher Familienvater. Wie gelingt ihm das so locker und mühelos? Die Freude an seinem Job durchdringt jeden Aspekt seiner Arbeit und er infiziert Mitarbeiter sowie Kunden gleichermaßen. Selbst in Horrormomenten, wenn das Chaos ausbricht, bleibt Leon souverän und bewahrt seine Lebensfreude. Ich erlebte ihn einmal während einer Computermesse. Das Hotel war bis zum Anschlag mit Fachbesuchern ausgebucht. Aus Versehen kappte ein Handwerker ein Leitungskabel, das für die drahtlose Internetverbindung aller Gästezimmer sorgte. Von einem Moment auf den anderen fiel das Internet in allen Zimmern aus und sorgte für totale Aufregung. Während einige Gäste aufgebracht von ihren Zimmern aus anriefen, kamen andere direkt an die Rezeption, um ihrem Unmut Luft zu machen. Leon stand zwischen wütenden Kunden und seinen kurzzeitig überforderten Mitarbeitern und behielt die Nerven. Bei allen Beschwerden gab er sich superfreundlich, ließ unverzüglich in der Lobby ein Gratis-W-Lan installieren und lud alle Gäste kostenfrei zu Getränken ein. Sein ganzes Team half mit guter Laune und sorgte für eine tolle Stimmung. Aus dem Chaos wurde am Ende eine Party, die allen Gästen in Erinnerung blieb. Fazit: Auch wenn mal alles drunter und drüber geht: Wer lächelt statt zu toben, kommt einfach besser zum Ziel.

Lebensfreude fördert den Erfolg

Die Rolle der angenehmen Gefühle wird weithin unterschätzt. Wer im Leben erfolgreich sein will, schafft es mit einer positiven Einstellung leichter. Dabei müssen wir als Homo sapiens über den Schatten unserer Ahnen springen. Seit Urzeiten erfüllt unser Gehirn seine Funktion als Früherkennungssystem für Gefahren. Der Neandertaler konnte in der rauen Umwelt nur überleben, wenn er auf das Schlimmste gefasst war. Wer an das Gute in seinen Artgenossen glaubte oder unvorsichtig war, starb schnell. Wer hingegen ein ausgeprägtes Misstrauen gegen alles und jeden hegte, lebte länger. Verhaltensforscher fanden heraus, das das, was früher nützlich und überlebenswichtig war, heute in unserer modernen Gesellschaft nicht mehr funktioniert. Genau diese frühzeitlichen Verhaltensmuster (Misstrauen, Ängste etc.) stecken in Form eines unsichtbaren Codes noch in jedem von uns und behindern uns. In unserer sozial geprägten Gesellschaft begünstigen Gefühle wie Freude, Liebe, Zufriedenheit und Neugierde den Aufbau von menschlichen Beziehungen sowie Netzwerken. Menschen, die mehr Freude empfinden und das auch ausstrahlen können, tun sich leichter, weil ihre Umwelt ansprechender auf sie reagiert. Das fördert die persönliche Fortentwicklung.

Freude wirkt als Katalysator

Wirtschaftspsychologen haben in zahlreichen Studien nachgewiesen, dass positiv gestimmte Mitarbeiter eindeutig eine höhere Leistung erbringen. Sie sind kreativer, flexibler und dynamischer bei ihrer Arbeit und dadurch erfolgreicher. Jeder hat das bestimmt schon mal in seinem Umfeld beobachtet. Menschen, die gut drauf sind, lösen Probleme leichter und effektiver. Beim Thema Lebensfreude fungiert jeder Chef als Vorbild. Wenn er gut gelaunt an die Arbeit geht, eifert ihm sein Team nach. Lebensfreude und Spaß am Job entscheiden, ob eine Führungskraft auch in schwierigen Momenten das Ruder herumreißen kann. Denn Freude ist ansteckend. Schlechte Laune auch. Muffelige Chefs wenden an der Stelle gern ein: „Ich bin doch nicht der Animateur oder Pausenclown für meine Mitarbeiter.“ Leider verstehen einige Chefs nicht, was Lebensfreude wirklich bedeutet. Nicht künsteln, sondern die eigene, authentische Lebensfreude in sich entdecken.

In meinen Leadership-Workshops ist immer mal wieder ein Teilnehmer, dem das gezielte Entwickeln von Lebensfreude suspekt ist. Seine Argumente: „Das ist künstlich. Das ist nicht echt“, „Das bin nicht ich“, „Da würde ich meinen Charakter verändern“ usw. Darauf antworte ich: „Ja, Sie haben absolut recht. Es ist Ihre Art, es ist die urzeitliche Prägung, die Sie als natürlich empfinden. Weil Sie es so oft wiederholt haben, ist es ein Teil von Ihnen. Ich lade Sie ein, eine neue Möglichkeit zu entdecken. Sie können aus diesem Automatismus aussteigen und ganz bewusst selbst bestimmen, wann Sie Freude einsetzen und wann nicht.“

Erfolgreiche Menschen lassen Gefühle von Zuversicht, Energie, Gelassenheit und Freude in schwierigen Situationen aufleben, um diese zu meistern.

Mentalcheck

Erkennen Sie Freude und Unlust

Achten Sie einen Tag lang auf Ihre Freudengefühle bei allem, was Sie tun. Wenn Sie bei einer Tätigkeit feststellen, dass Sie diese nur freudlos ausüben, dann verfahren Sie nicht einfach nach dem Motto „Augen zu und durch". Beantworten Sie sich stattdessen diese Frage: Warum tue ich das überhaupt? Sie werden feststellen, dass es immer wieder Dinge im Leben gibt, die man einfach tun muss. Auch wenn es ungeliebte Tätigkeiten sind. Fragen Sie sich: Was kann ich ändern? Wie kann ich auch eine Routinearbeit mit mehr Spaß ausführen? Welchen Bewertungsrahmen kann ich ansetzen, sodass es mir und anderen Spaß macht?

Selbstbestimmt

Bitte führen Sie die folgende Gedankenaufgabe unbedingt aus. Erinnern Sie sich an ein Ereignis im Job, das Sie aufgeregt hat. Was ist passiert? Was haben Sie damals gefühlt? War es Schmerz, Enttäuschung, Sorge, Frust oder etwas anderes? Erinnern Sie sich genau, was Sie in der Situation gehört, gesehen und gespürt haben. Wenn Sie es stark empfunden haben, lassen Sie das Ereignis ziehen. Nach einer kurzen Pause denken Sie nun an einen der glücklichsten Momente in Ihrem Berufsalltag. Denken Sie intensiv an diesen Augenblick zurück. Was haben Sie dabei empfunden? Wie haben Sie sich gefühlt? Erinnern Sie sich an die Bilder und die Töne in diesem Moment? Wer war dabei? Wenn die Erinnerung sehr deutlich war, lassen Sie auch diesen Gedanken wieder los.

Haben Sie es gemerkt? Sie können selbst das eine oder andere Ereignis in Ihre Erinnerung rufen. Sie entscheiden selbst, ob Sie sich eher auf glückliche oder unglückliche Erinnerungen fokussieren. Sie ganz allein steuern Ihre Lebensfreude. Ihr momentanes Befinden ist der Spiegel Ihrer Erinnerung.

Es kann nur dann ein Lächeln aus dem Spiegel schauen, wenn ein Lächeln hineinschaut. Jede neue Situation wird vor dem Hintergrund Ihrer gespeicherten Erfahrungen verarbeitet. Das Gehirn beschäftigt sich vor allem mit sich selbst. Die Emotion sowie die damit verbundene Bewertung, die erlebten körperlichen Veränderungen und das Handeln entstehen in Ihnen selbst. Jede Form von Ärger oder Lebensfreude ist Ihre Schöpfung.

Mehr Lebensfreude im Beruf führt schneller zum Ziel

Wie kann ich Lebensfreude mit einem Shortcut aktivieren? Mit den fünf Zutaten Glücksdefinition, Vorfreude, Musik, Springen und Freudenlaut können Sie Lebensfreude in sich abrufen und intensiv erleben. Dabei sprechen wir selbstverständlich wieder alle drei Ebenen von Körper, Geist und Herz an. Wir gehen die fünf Punkte zuerst einzeln durch und fügen diese im letzten Schritt zusammen. Beginnen wir direkt.

Übungsvorbereitung für den Shortcut „Lebensfreude"

1. Schritt: Glücksdefinition bei der Arbeit

Wie definieren Sie Glückmomente bei Ihrer Arbeit? Lassen Sie sich dabei auch vom Ziel Ihrer Tätigkeit inspirieren. Schauen Sie dabei auf das große Ganze. In diesem Zusammenhang fällt mir die Geschichte des Putzmannes bei der NASA ein. US-Präsident J.F. Kennedy besichtigte die NASA-Gebäude und sah einen Mann beim Kehren einer Halle für den Raketenstart. Er fragte den Mann, was er da mache. Der Arbeiter antwortete: „Herr Präsident, ich helfe einen Mann auf den Mond zu bringen."

Formulieren Sie einen energiegeladenen Schlüsselsatz, der Ihre ganze Lebensfreude bei der Arbeit ausdrückt. Der Kernsatz sollte die Freunde am Tun und den Sinn der Arbeit beinhalten. Als Beispiel teile ich mit Ihnen einen Satz, den ich für mich aufgeschrieben habe: Ich liebe meine Arbeit, weil ich vielen Menschen helfen kann. Schreiben Sie nun Ihren Kernsatz auf.

2. Schritt: Versetzen Sie sich in Vorfreude

Bevor Sie eine neue Aufgabe beginnen, versetzen Sie sich in eine freudige Erwartung. Überlegen Sie, welche Freude Sie bei der Aufgabe empfinden. Auch wenn es vielleicht eine Aufgabe ist, die Sie gar nicht machen möchten, die aber trotzdem erledigt werden muss. Vielleicht schieben Sie diese ungeliebte Sache auch schon lange vor sich her und hatten in dieser Zeit immer ein schlechtes Gewissen. Starten Sie mit der Freude darauf, dass die Aufgabe Ihre Gedanken nicht mehr belastet, wenn sie getan ist.

Stellen Sie sich eine aktuelle, berufliche Aufgabe vor. Visualisieren Sie den Moment, wenn die Arbeit getan und das Ziel erreicht ist. Das wirkt motivierend und inspirierend.

3. Schritt: Hören Sie Powermusik

Drehen Sie die Lautsprecher auf oder stöpseln den iPad ins Ohr. Musik weckt Freude und die Lebensgeister. Sie sind der DJ in Ihrem Leben und können selbst Ihre Lieblingstitel auflegen. Stimmen Sie sich fröhlich und putschen Sie sich auf, um zusätzliche Kräfte zu mobilisieren. Meine beiden Lieblingstitel für mehr Lebensfreude sind „Oh Happy Day" von Sister Act und „I Feel Good" von James Brown. Oder summen Sie einfach nur eine heitere Melodie. Auch das bewirkt schon kleine Wunder, weil es direkt das limbische System im Gehirn anspricht.

4. Schritt: Springen Sie vor Lebensfreude

Hüpfen und springen Sie am besten zu Ihrer Lieblingsmusik. Es ist unmöglich gleichzeitig zu springen und dabei deprimiert zu sein. Durch das Springen erzeugen Sie ein gutes Gefühl im Körper und das schlägt sich auf die Psyche nieder. Die Lebensfreude wird sofort spürbar. Springen Sie voller Lebensfreude durch die Flure des Büros. Wenn Sie sich genieren oder es nicht wirklich passend ist, Ihre Freude offen zu zeigen, habe ich folgenden Tipp: Gehen Sie normal und machen ab und an mal einen Wechselschritt. Genießen Sie dabei Ihre heimliche Freude.

5. Schritt: Freudenlaut

Zeigen Sie Ihre Freude und rufen Sie laut „Juhuu" oder ein herzhaftes „Jabadabadoo" Ich mache das immer gern, wenn ich mit dem Gleitschirm abhebe und mich den ersten Moment in der Luft befinde. Genauso rufe ich, wenn ich mich über einen Sieg oder einen Erfolg freue. Anstelle eines Freudenschreis können Sie auch einfach herzhaft lachen. Diese Technik funktioniert, weil die Simulation des Lachens durch den körperlichen Ausdruck das Gefühl selbst erzeugt. Die positive Wirkung wurde wissenschaftlich mehrfach nachgewiesen. Die positive Wirkung wurde wissenschaftlich mehrfach nachgewiesen. Ein ehrliches Lachen mit aktivierten Wangen- und Augenmuskeln signalisiert dem Gehirn gute Laune. Das Gehirn erzeugt dann in sich diese Stimmung und schüttet Glückshormone aus. Bringen Sie sich zum Lachen. Erinnern Sie sich an einen Witz oder eine Begebenheit, als Sie sich vor lauter Lachen den Bauch halten mussten.

Mit Lachen oder Freudenschreien verkörpern Sie Ihre Lebensfreude intensiv. Lassen Sie dem Glücksgefühl freien Lauf. Spüren Sie das Vibrieren im Zwerchfell und wie es sich durch den ganzen Körper fortsetzt.

Praxisanleitung:

Rufen Sie jetzt die fünf Zutaten für den Shortcut „Lebensfreude" in der beschriebenen Reihenfolge ab: Glücksdefinition, Vorfreude, Musik, Springen und Freudenlaut. Mit ihrer ganz persönlichen Glücksdefinition und der Vorfreude sprechen Sie Ihren Geist an. Mit dem Visualisieren der Vorfreude und der Musik aktivieren Sie die emotionale Ebene in Ihnen. Das Springen und der Freudenlaut verkörpern diese Botschaften und lassen Sie die Lebensfreude intensiv erleben.

Transfer ins Berufsleben

Überlegen Sie, in welcher Situation Sie Ihre Lebensfreude am besten einsetzen können. Wo geht Ihnen die Freude schon mal verloren? Wann wäre es von Vorteil, besser drauf zu sein? Stellen Sie sich nun vor, wie Sie sich in genau dieser Situation mit dem Shortcut in einen Zustand der Lebensfreude versetzen. Rufen Sie die fünf

Zutaten des Shortcuts still in sich ab. Die Glücksdefinition können Sie mit Ihrer inneren Stimme wie ein Mantra wiederholen und die Vorfreude vor Ihrem inneren Auge entstehen lassen. Wenn es die Situation nicht zulässt, dann summen Sie Ihre Lieblingsmelodie und den Freudenlaut in Ihr inneres Ohr. Lächeln Sie dabei herzlich in die Runde Ihrer Gesprächspartner und genießen Sie Ihr exklusives Gefühl der Lebensfreude. Wiederholen Sie diese Vorstellung am besten dreimal, bevor Sie den Shortcut wirklich einsetzen. Sie werden sehen, es klappt dann auf Anhieb.

Fazit

Es ist eindeutig wissenschaftlich nachgewiesen, dass Menschen ihre Freudengefühle willentlich beeinflussen können. Diese Fähigkeit ist trainierbar. Der Shortcut „Lebensfreude" beinhaltet die besten Zutaten, um Lebensfreude zu erwecken und sofort abzurufen. Praktizieren Sie es ein paar Mal, und Sie werden alleine durch die Erinnerung die Lebensfreude in sich wecken. Damit aktivieren Sie Glücksgefühle, Spaß und Optimismus. Das hilft Ihnen, flexibler und dynamischer zu agieren. Ein besonderer Spirit entsteht, mit dem sich Ihr Leben und Ihre Beziehungen grundlegend verbessern. Die magische Kraft der Freude hilft, mit Lebenskrisen besser umzugehen und diese sogar für die Weiterentwicklung fruchtbar zu nutzen. Wer lächelt, gewinnt. Be happy!

Zusatztipp Nummer 1: Die Top Ten Ihrer Glücksliste

Lebensfreude besteht nicht nur aus Genüssen, sondern aus guten Erinnerungen. Wer ein großes Archiv an freudigen Lebensmomenten gespeichert hat, kann sich selbst immer wieder ein gutes Gefühl geben. Denken Sie zum Beispiel an ein Erlebnis, das unsagbar komisch war. Einen Film, eine Erzählung oder einen herzhaften Witz. Sammeln Sie komische Situationen. Wenn Sie positive, freudige Situationen abrufen, fließen negative Energien von alleine ab. Fertigen Sie eine Glücksliste an, sozusagen die Top Ten Ihrer Glücksmomente. Die folgenden Fragen helfen Ihnen, sich an die freudigsten Erlebnisse zu erinnern:

- ☐ Was bedeuten Spaß und Freude für mich (zum Beispiel tanzen, Musik hören, bewegen usw.)?
- ☐ Welche Auslöser erzeugen Spaß und Erfolg in mir?
- ☐ In welchen Situationen habe ich die höchste Lebensfreude erfahren?
- ☐ Wann habe ich richtig Spaß gehabt (im Urlaub, zusammen mit Freunden oder mit dem Partner, beim Sport, im Beruf, mit der Familie, bei Veranstaltungen, Konzerten, bei kulturellen Veranstaltungen)?
- ☐ Freue ich mich auf ein neues Projekt oder einen neuen Lebensabschnitt?
- ☐ Was habe ich bis jetzt noch nicht gemacht, wovon ich mir noch eine ganze Menge Spaß verspreche?
- ☐ Welches war das glücklichste Erlebnis in meinem Leben?

Zusatztipp Nummer 2: Erlebnisse an kraftvolle Orten steigern die Lebensfreude

Eine ganze Reihe von Naturerlebnissen bereichern die Sinne und erzeugen Glücksmomente. Stehen Sie zum Beispiel so früh auf, dass Sie an einem energiegeladenen Ort den Sonnenaufgang erleben können. Oder spazieren Sie morgens barfuß im nassen Gras. Auch das Schwimmen unter freiem Himmel in einem See ist ein herrliches Erlebnis, um ganz einfach die Stille in der Natur zu genießen. Falls Sie einen besonders schweren Tag vor sich haben: Stehen Sie früher auf, und wandern Sie eine halbe Stunde über weite Wiesen und öffnen Sie Ihren Horizont. Denken Sie dabei bewusst an Ihre Vision und Ihr Lebensglück.

Kurzformel:

Glücksdefinition + Vorfreude + Musik + Springen + Freudenlaut

Kerngedanken

Lebensfreude wirkt als Erfolgskatalysator
Jede Form von Ärger oder Lebensfreude ist Ihre Schöpfung.

„Gib jedem Tag die Chance, der schönste deines Lebens zu werden."

Mark Twain (1835–1910)

„In dir selbst muss brennen,
was du bei anderen entzünden willst."
AUGUSTINUS (354–430)

6. Begeisterung

Oder der Unterschied zwischen gut und exzellent

Begeisterung, Enthusiasmus und Leidenschaft faszinieren uns, wenn wir sie an anderen Menschen beobachten. Das Funkeln in ihren Augen, die Leidenschaft in der Stimme und eine magische Körpersprache sind typische Kennzeichen begeisterter Menschen, die uns in ihren Bann ziehen.

Begeisterung besitzt nach meinem Verständnis zwei qualitative Ausprägungen:

- Die erste Stufe stellt die eigene, innere Begeisterung für etwas dar. Wir begeistern uns für etwas, das uns am Herzen liegt: für den Beruf, ein Hobby, Familie, Lebenspartner, Kinder, Sport oder das Leben an sich. Leidenschaft löst in uns einen feurigen Eifer aus. Dieser Eifer lässt uns in einer Sache aktiv werden und ausdauern dran zu bleiben. Diese erste Stufe der Begeisterung kann eine stille Form sein, die nicht unbedingt von anderen wahrgenommen wird. Manche Menschen setzen sich für eine Sache voller Hingabe ein, ohne dass es andere registrieren.
- Die zweite Stufe der Begeisterung ist die Fähigkeit, andere mit dem eigenen Funken anstecken zu können. Dafür ist die Stufe eins die Voraussetzung: Ich muss selbst brennen, um andere entzünden zu können. Erst muss die innere Welt den Weg bereiten, um in der äußeren Welt wirksam zu werden.

Nur wenn ein Mensch selbst Euphorie ausstrahlt, kann er andere euphorisieren.

Mein Freund Bert konnte Begeisterung für seine Arbeit punktgenau abrufen. Bert war in der eher nüchtern angehauchten Finanzdienstleistungsbranche tätig. Doch wenn er gefragt wurde, was er beruflich mache, fingen seine Augen reflexartig zu funkeln an. Er sprach mit einer ansteckenden Leidenschaft von seiner Arbeit, von dem Nutzen für seine Kunden und wie seine Mitarbeiter durch ihn zu Multimillionären wurden. Bert machte das so faszinierend gut, dass jeder fragte: „Geht das auch bei mir?“ Bert verstand es, mit seiner spürbaren Leidenschaft eine Begeisterungswelle anzufachen. Dabei war er nicht laut, sondern einfach im Moment präsent. Seine glühende Leidenschaft gepaart mit seinem reichen Wissen und seinem professionellen Auftreten lösten bei seinen Gesprächspartnern erst Interesse und dann den Wunsch aus, mit Bert in Beziehung zu treten. Dank seiner Begeisterung baute Bert Schwarz als Mitbegründer der OVB Vermögensberatung eine Organisation mit über zehntausend Mitarbeitern auf.

Momente der Begeisterung zwischen zwei Menschen entstehen, wenn einer den anderen durch seine authentische Art emotional berührt und etwas in ihm auslöst. Das geschieht immer dann, wenn beim Sender Körper, Geist und Herz kongruent sind und sich in derselben Schwingung befinden. Wenn Sie es schaffen, Begeisterung gleichzeitig in Bewusstsein, Gefühl und Körper zu bringen, wird sie auch für andere spürbar. Dann wirkt Begeisterung nicht nur auf einen einzelnen, sondern sogar auf eine ganze Gruppe ansteckend.

Viele Führungskräfte oder auch Unternehmer unterschätzen die Kraft der Begeisterung im Umgang mit Mitarbeitern. Das Vorleben und Fördern von Begeisterung in einem Unternehmen ist eine Führungsaufgabe. Die muss der Chef selbst wahrnehmen und kann sie nicht an einen externen Motivationstrainer delegieren.

Das bedeutet nicht, ständig wie ein überdrehtes Aufziehmännchen Begeisterung zu versprühen, sondern immer mal wieder den Samen auszulegen, damit sich dieser in den Köpfen und Herzen der Mitarbeiter entfalten kann. Die Vorbildfunktion der Führungskraft gibt den Ausschlag. Ein Chef, der selbst nicht begeistert ist, wird auch sein Team nicht begeistern können. Deshalb ist der Shortcut „Begeisterung“ ein Basis-Tool für jede Führungskraft. Wer die Kunst der Begeisterung nicht beherrscht, sollte keine Menschen führen.

Ein Berater oder Verkäufer sollte sich seine Begeisterung auch bei Rückschlägen bewahren können. Zum Beispiel wenn ein Kunde bei einem sicher geglaubten Auftrag einen Rückzieher macht oder jemand ihm seine Idee schlechtredet. Gerade im Verkauf kommt es manchmal zu dem Punkt, dass der Kunde Ihnen verkaufen möchte, dass er nicht kauft. Hier kann ein gewiefter Verkäufer seine Begeisterung oben halten und so brennen, dass der Kunde gar nicht anders kann, als all die Produktvorteile anzuerkennen und doch zu kaufen. Überlegen Sie, wie Sie sich in einem solchen Moment verhalten. Können Sie bei einer Zurückweisung oder einem Nein weiter Begeisterung und Überzeugung ausstrahlen?

Beginnen wir einen Schritt früher: Wie kann ich mich selbst für etwas begeistern und mich selbst entfachen? Den Nährboden für die Begeisterung kann ein Mensch nur in sich selbst entdecken. Dabei kommt es auf die Kombination der intellektuellen und gefühlsmäßigen Gründe der Begeisterung an. Ich muss auf der einen Seite gute rationale Gründe anführen und gleichzeitig emotional stark involviert sein. Die Klarheit über die eigene Lebensvision wirkt dabei unterstützend. Genau über diesen Ansatz können Sie Ihre Begeisterung gezielt fördern.

Übung

1. Schritt: Beginnen wir mit der ersten Stufe der Begeisterung. Die folgenden Fragen werden Begeisterung in Ihr Bewusstsein bringen und Ihre glühende Leidenschaft entfesseln. Beantworten Sie sich die folgenden Fragen:

Allgemein

- ☐ Was ist das „Wow“ an meiner Idee, das mich begeistert?
- ☐ Was ist grandios an meinem Ziel?
- ☐ Was ist neu und außergewöhnlich an meiner Idee?
- ☐ Was gibt mir die ultimative Begeisterung und Freude?
- ☐ Was sehe, höre, rieche, schmecke und empfinde ich dabei?
- ☐ Welches Bild habe ich dabei vor Augen?
- ☐ Was wird für mich und andere dadurch in Zukunft besser?

Spezielle Fragen für Ihren Beruf

- ☐ Was liebe ich an meiner Tätigkeit?
- ☐ Was bewirken meine Produkte/Dienstleistungen und was ist der und was ist einzigartig daran?
- ☐ Welche Erfolgserlebnisse haben meine Kunden?
- ☐ Welche großen Vorteile verschaffe ich meinen Kunden?
- ☐ Was ist so einzigartig an meiner Arbeit?
- ☐ Welche Verbesserungen erhalten meine Kunden durch mich?
- ☐ Was ist besonders an meiner Arbeit?
- ☐ Wie können Menschen von meiner Erfahrung profitieren?

Die Antworten auf all diese Fragen sind das Fundament für Ihre Begeisterung. Der Inhalt dafür muss von innen kommen und vor allem absolut ehrlich sein. Spielen Sie anderen also nichts vor. Seien Sie immer mit sich selbst im Reinen und ehrlich zu den anderen. Wenn Sie begeistern, dann sind Sie auch authentisch. Das ist die Basis für die zweite Stufe, um die Begeisterung so auf die Bahn zu bringen, dass andere diese spüren und angesteckt werden.

„Nur ein begeisterter Mann kann etwas Großes
und über das Gewöhnliche Erhabenes aussprechen.“

SENECA (1–65)

2. Schritt: Praxisanleitung

Der erste Schritt, um Begeisterung nach außen zu zeigen, ist, sie zu verkörpern. Dazu bringen Sie sich in eine starke Körperhaltung. Stehen oder sitzen Sie wie

jemand, der voller Begeisterung ist. Achten Sie auf die Haltung Ihres Kopfes, der Schultern und des Rückens. Seien Sie energiegeladen, aber nicht verspannt. Bringen Sie die Begeisterung auch in Ihr Gesicht, lassen Sie Ihre Augen funkeln. Wenn Sie mögen, können Sie den Teil der Übung vor dem Spiegel machen.
Um die Begeisterung noch tiefer in den Körper zu bekommen, sprechen Sie Ihre Gedanken aus. Sagen Sie die Sätze souverän und mit einer sicheren Betonung. Wiederholen Sie die Sätze mehrmals und spüren Sie, wie die Sicherheit mit jedem Mal stärker wird. Sprechen Sie wichtige Worte oder kurze Sätze der Begeisterung lauter oder bewusst leiser. Probieren Sie es einmal mit: „Super!", „Das ist top!", „Das ist motivierend!". Variieren Sie auch die Stimmlage zwischen heller und dunkler.
Wenn Sie mit Ihrer Stimme zufrieden sind, bringen Sie noch mehr Körpereinsatz und machen Sie begeisternde Gesten. Dabei ist weniger mehr. Bewegungen sollten nicht übertrieben und nicht zu schnell sein. Die meisten Menschen haben ein gutes Bauchgefühl und merken intuitiv, ob es jemand ehrlich meint. Wenn Sie übertreiben, kann das auf Ablehnung stoßen. Wiederholen Sie es immer wieder, bis es sich gut und sicher anfühlt. Stellen Sie sich zum Üben auch bestimmte reale Situationen vor: zum Beispiel eine Besprechung im Büro, ein Gespräch mit einem Freund, eine Präsentation eine leidenschaftliche Rede vor versammelter Mannschaft usw. Zeigen Sie selbst Begeisterung, aber schauspielern Sie nicht. Bewegungen, Gesten und Stimme müssen natürlich rüberkommen. Üben Sie so lange, bis Sie Begeisterung intensiv spüren und die Situation sehr real erleben.

Transfer ins Berufsleben

Der letzte Schritt ist der Test aufs Exempel. Probieren Sie es erst einmal in einer unverfänglichen Situation aus und beobachten Sie, ob Ihre Begeisterung ansteckt. Das Level für mitreißende und übertriebene Begeisterung hat sich nach meiner Beobachtung nach oben verschoben. Der Grund: die hohe Begeisterungsflut in den Medien und die verbreitete Trägheit der Menschen, die stärkerer Impulse bedürfen. Wer heute andere begeistern möchte, muss schon mitreißend sein – und zwar mehr als ein Naturtalent. Deshalb macht der Shortcut „Begeisterung" Sinn. Belassen Sie es nicht beim ersten Versuch. Ganz gleich, wie er ausgeht, machen Sie weiter und stellen Sie sich wachsenden Herausforderungen. Also gehen Sie raus! Begeistern und euphorisieren Sie andere!

Fazit

Begeisterung ist das Feuer, das andere motiviert, Sie kennenlernen oder mit Ihnen ins Geschäft kommen zu wollen. Begeisterung macht den Unterschied zwischen gut und exzellent aus. Der amerikanische Verkaufstrainer Frank Bettger sagte dazu: „Begeisterungsfähigkeit ist die bestbezahlte Eigenschaft der Welt." Seien Sie der Botschafter Ihrer Ideen und zünden Sie andere an. Es bieten sich jede Menge Anlässe dafür. Erleben Sie die großartige Erfahrung, wenn Sie Begeisterung bewusst einsetzen und sich andere von Ihnen mitreißen lassen. Ermutigen Sie andere Menschen, die Welt zu erhalten und lebenswerter zu gestalten.

Kurzformel

Aktivieren Sie die Begeisterung mit Fragen und Antworten.
Verkörpern Sie die Begeisterung mit der Haltung und Stimme.

Kerngedanken

Jeder kann Begeisterung in sich entdecken.
Jemand muss selbst brennen, um andere zu entzünden.
Der Shortcut „Begeisterung" ist ein Basis-Tool für jede Führungskraft.
Begeisterungsfähigkeit ist die bestbezahlte Eigenschaft der Welt.

„Nur ein euphorischer Mensch kann andere euphorisieren."
THOMAS SCHLECHTER

„Ehrliche, herzliche Begeisterung ist einer der wirksamsten Erfolgsfaktoren."
ANDREW CARNEGIE (1835–1919)

„Jeder große Erfolg war zuerst ein kleiner Traum"

Unbekannt

*„Alles, von dem sich der
Mensch eine Vorstellung
machen kann, ist machbar."*

Wernher von Braun (1912–1977)

7. Zielsetzung

Zugespitzt mit mehr Überzeugungskraft handeln

Mit einem klaren Ziel landen Sie einen Treffer. Wie so oft bietet der Sport auch für die Zielsetzung Erfahrungswerte, die sich auf die Berufswelt übertragen lassen. Sportler bereiten sich gewissenhaft auf einen Wettkampf vor. Sie sehen ihr Ziel klar vor Augen. Sie wissen genau, wann und wo das Treppchen steht, auf das sie möchten. Und sie kennen den Weg dahin.
Wie, Rallye-Europameister von 1996. Seitdem er seine Karriere in der Rallye-WM 2005 beendet hat, managt er Rallye-Teams, arbeitet als Experte bei verschiedenen Sendern und organisiert Rennserien. Untere anderem initiierte er die „Baja 300 Powerdays Germany" in der Region Lausitz.
Armin hat geschafft, was nur wenige Sportler schaffen. Er konnte seine Erfahrungen aus dem Rennsport unternehmerisch erfolgreich auf die Bahn bringen. Dabei hilft ihm das Planen und Zielesetzen aus dem Rallye-Sport. Er plant heute Projekte und Veranstaltungen nach demselben Muster, wie er früher Rennen gewann. In einem Gespräch mit mir sagte er: „Aus einer Idee entsteht ein ziemlich eindeutiges ‘Kopfbild‘, von dem, was es werden soll. Diese Fähigkeit kommt vom Rallyefahren. Dort musst du auch ein Streckenprofil visualisieren und einprägen. Dann erstelle ich eine To-do-Liste mit Terminen." Daraufhin wählt er die richtigen Leute für sein Team aus. Und los geht´s! Er weiht alle in seinen Spielplan ein und delegiert die Aufgaben. Mit steter Kontrolle achtet er darauf, dass jeder seinen Zeitplan einhält. Bei Teamarbeit greift ein Rad in das andere, wenn das Timing stimmt. Natürlich läuft nicht immer alles rund. Auch in diesem Fall kommt Armin seine Erfahrung aus dem Sport zugute: „Meine mentale Stärke liegt in der Flexibilität. Ich kann mich auf immer wieder wechselnde Parameter sehr gut einstellen. Es ist absolut wichtig,

flexibel zu sein und nicht stur an Strukturen oder Terminen festzuhalten."
Eine Fähigkeit, die ihm heute als Unternehmer hilft, erfolgreich zu sein: Er kann Situationen schneller und besser einzuschätzen. „Man ist wesentlich relaxter, da man fast alles schon einmal in einem Sekundenbruchteil erlebt hat. Ich bin es gewohnt, unter Druck zu arbeiten und immer Leistung abzufragen. Da kann ich meinen 'Schalter' im Kopf gut auf 'Sieg' umlegen."

Armin Schwarz

Armin Schwarz will noch weiter siegen. Seit 2007 startet er bei den Off-Road-Rennveranstaltungen der amerikanischen Wüstenrennserie „Score International Off-Road Racing Series". Während unseres Interviews bereitete er sich schon wieder auf die „Baja 1000" in Mexico im All German Motorsports Team vor. Die Teilnahme an den Wettbewerben motivieren ihn noch immer, schärfen seine Sinne und geben ihm eine klare Zieldefinition.

Fünf Schritte für eine treffsichere Zielsetzung:

Eine sichere Zielsetzung sollte schon in der Jugend geschult werden. Denn die wenigsten Erwachsenen beherrschen diese grundlegende Fähigkeit. Dabei lässt sie sich mit einem einfachen Werkzeug leicht erlernen: mit dem Blitz-Plan in fünf Schritten. In den letzten Jahren habe ich die Technik der Zielsetzung immer weiter verfeinert. Sie benötigen kein Wochenendseminar und auch keinen 300 Seiten dicken Ratgeber. Alles, was Sie brauchen, sind fünf grundlegende Schritte zu diesem mentalen Shortcut „Zielsetzung". Wenn Sie Ihr großes Lebensziel erreichen möchten, benötigen Sie eine Formel, mit der Sie kleine Ziele schnell umsetzen können. Jeder Gipfelsieg beginnt mit dem ersten Schritt. Der erste Schritt findet im Kopf statt und bedeutet, das Ziel zu bestimmen. Sieger bestimmen ihr Ziel genau. Je kleiner das Ziel, umso besser ist die Konzentration und das Resultat. Ein klares Ziel besitzt eine Deadline. Denn Sie möchten wissen, wann Sie ankommen. Im zweiten Schritt bestimmen Sie Ihre Ist-Situation mit allen Ihnen zur Verfügung stehenden Ressourcen. Aus Erfahrung wissen Sie, dass Hindernisse auftreten. Das ist so sicher wie das Amen in der Kirche. Deshalb überlegen Sie sich die möglichen Hindernisse im dritten Schritt. Im Vierten besinnen Sie sich auf Ihre mentale Kraft und stärken Ihre Einstellung. Zu guter Letzt setzen Sie sich Teilziele und entwerfen einen Handlungsplan. Die Teilziele wählen Sie so, dass Sie Stufe für Stufe zum großen Ziel führen und alle im Bereich des Machbaren liegen. Mit diesen fünf Schritten des Shortcuts „Zielsetzung" fassen Sie ein klares Ziel ins Auge und überwinden auftretende Hindernisse. Ein Vorsatz alleine wäre zu schwach.

Praxisanleitung:

Mit dem folgenden Arbeitsblatt „Blitz-Plan" können Sie den Shortcut „Zielsetzung" einfach umsetzen. Ich habe ihn für die Teilnehmer meiner Workshops entworfen. Gerne können Sie sich das Formular auch kostenlos auf meiner Homepage herunterladen:

http://www.enerise.de/gratis-service/shortcuts/

Dann starten Sie mit der Übung.

1. **Schritt:** Formulieren Sie Ihr Ziel klar mit Deadline
   Der erste Schritt im Blitz-Plan gliedert sich in vier Punkte. Zu Beginn steht die Frage: Was will ich? Starten wir mit dem ersten fundamentalen Schritt und schaffen Klarheit. Wenn Sie wissen, was Sie wollen, können Sie auch darauf zugehen. Für eine glasklare und erfolgsversprechende Zielsetzung beachten Sie bitte die folgenden Punkte:

Blitz-Plan
für die Shortcut-Zielsetzug

4. Schritt
Mentale Stärke

Warum will ich das Ziel erreichen?
Was brennt in mir?
Wie muss ich ab jetzt denken und fühlen?
Nutzen Sie auch die Shortcuts „Flow“, „Selbstbewusstsein“ und „Begeisterung.“

2. Schritt
Die Ist-Situation

Worauf baue ich auf?
Was habe ich schon alles erreicht?
Welche Ressourcen habe ich?
Wer kann mich unterstützen?

3. Schritt
Hindernisse erkennen

Beachten Sie die Hindernisse, die vor Ihnen liegen. Was steht mir im Weg? Welche Mängel, Schwächen, Nachteile will ich beseitigen? Was hat mich bisher von meinem Ziel abgehalten?

Starten Sie hier

1. Schritt

Das Ziel

Formulieren Sie Ihr Ziel klar mit Deadline.

☐ Deadline – erreicht bis:

5. Schritt

Teilziele + Handlungsplan

Maßnahmen und Mittel:
Was muss ich tun, was brauche ich dazu?

☐ 6. Teilziel

☐ 5. Teilziel

☐ 4. Teilziel

☐ Halbzeitcheck am:

☐ 3. Teilziel

☐ 2. Teilziel

Beginnen Sie **sofort** mit dem ersten Teilziel!

☑ 1. Teilziel

Musterformular von Thomas Schlechter ts@enerise.at

- Gehen Sie von einer konkreten Aufgabe aus, die Sie in naher Zukunft erreichen möchten. Fragen Sie sich: Was genau will ich erreichen? Was soll das Resultat sein?
- Ziel höher stecken. Setzen Sie sich ein anspruchsvolles Ziel. Das fordert Sie stärker heraus und sorgt für mehr Erfolg. Wenn Sie sich ein kleines Ziel setzen, erreichen Sie am Ende vielleicht weniger, als Sie hätten erreichen können. Indem Sie Ihre Erwartung höher schrauben, werden Sie sich auch mehr abverlangen. Sie können damit weit über Ihre bisherigen Grenzen hinauswachsen. Ganz nach dem Motto: „Think big – do big“.
  - Nutzen Sie die Kraft Ihrer Kreativität und stellen Sie sich die Fragen:
    - Was kann ich noch verbessern?
    - Wie kann ich mein Ziel noch stärker machen?
    - Was möchte ich wirklich erreichen?
    - Wie kann ich den Erfolg noch großartiger gestalten?
- Verfassen Sie einen klaren Zielsatz und beachten die folgenden Hinweise:
  - Formulieren Sie in der Ich-Form (ich kann …, ich bin …)
  - Verwenden Sie keine Füllwörter wie „vielleicht“, „mal“, „eigentlich“, „relativ“ oder „aber“. Diese signalisieren, dass Sie sich unsicher oder unkompetent fühlen.
  - Setzen Sie Ihr Ziel freiwillig und nicht aus einem Gefühl der Verpflichtung.
  - Setzen Sie Ihr Ziel nicht aus Angst vor Misserfolg zu niedrig an.
  - Das Ziel soll mit Ihren Bedürfnissen (seelisch, geistig, physisch) übereinstimmen.
- Formulieren Sie Ihr Ziel jetzt in einem einzigen prägnanten und einprägsamen Satz. Erfolgreiche Menschen können ihr Ziel ganz klar ausdrücken.

  Vorsicht Falle! Schreiben Sie Ihr Ziel möglichst komplett für diesen Moment auf. Schieben Sie diesen wichtigen Punkt auf keinen Fall vor sich her, weil Sie glauben, der Satz sei noch nicht perfekt.
- Setzen Sie sich eine Deadline. Bis wann soll dieses Ziel erreicht sein? Fixieren Sie auch den Endtermin schriftlich! Tragen Sie das Datum in den Blitz-Plan ein.

In dem Augenblick des Schreibens und Terminierens liegt Magie. Sie aktivieren unterbewusste Kräfte, die Ihnen helfen, dieses Ziel in die Wirklichkeit umzusetzen.

Zusatztipp: Zeichnen Sie Ihr Ziel!

Zeichnen Sie sich ein einprägsames Bild von Ihrem Ziel. Das muss nicht aufwändig sein. Entwerfen Sie eine kleine Skizze, Collage oder eine Zeichnung. Damit vermitteln Sie sich selbst Ihre Idee besser und stellen so eine direkte Verbindung zwischen Verstand und Emotion her. Eine Zeichnung hilft Ihnen, die Zielsetzung weiter auszuarbeiten. Wenn Sie Ihr Ziel nicht aufzeichnen können, bedeutet das, dass Sie Ihr Ziel nicht sehen können. Schon eine simple Zeichnung reicht aus, um Ihr Ziel besser im Gedächtnis zu verankern. Ein Bild sagt nicht nur mehr als 1000 Worte, es motiviert auch stärker als 1000 Worte, weil das Gehirn Bilder besser speichert als Worte oder Zahlen.

2. Schritt: Die Ist-Situation

Bestimmen Sie Ihre Ist-Situation. Fragen Sie sich:

- Worauf baue ich auf?
- Was habe ich schon alles erreicht?
- Welche Stärken habe ich? Welche Ressourcen stehen mir zur Verfügung?
- Wer kann mich unterstützen?
- Wie kann ich mein Netzwerk mit einbinden?

3. Schritt: Hindernisse erkennen

Betrachten Sie die Hindernisse, die vor Ihnen liegen. Beantworten Sie sich die folgenden Fragen:

- Was steht mir im Weg?
- Welche Hindernisse muss ich aus dem Weg räumen?
- Welche Schwächen, Mängel oder Nachteile sollen beseitigt werden?
- Was hat mich bisher von meinem Ziel abgehalten?
- Werfen Sie auch noch mal einen Blick auf die Liste der Mentalbremsen (S. 30/31).

4. Schritt: Mentale Stärke

Jetzt kommt ein ganz wichtiger Schritt, der von vielen zu wenig beachtet wird. Der Mangel an mentaler Stärke lässt die meisten Menschen scheitern. Weil sie sich über ihre innere Einstellung nicht im Klaren sind, gelingt es ihnen nicht, ausreichend mentale Kraft zu entwickeln.

Um neue Ziele zu erreichen und vor allem das Verwirklichen zu beschleunigen, benötigen wir mentale Kraft im richtigen Moment. Sie müssen fest an sich glauben, auch wenn Sie der Einzige sind, der es Ihnen zutraut.

Die folgenden Fragen werden Sie unterstützen:

- Warum will ich das Ziel erreichen? Was brennt in mir?
- Warum gebe ich einen Teil meiner Lebenszeit?
- Wie muss ich ab jetzt denken und fühlen?

Sie können an dieser Stelle auch ganz einfach bewusst die Shortcuts „Selbstbewusstsein“, „Begeisterung“ und „Flow“ aktivieren.

5. Schritt: Entwerfen Sie einen Handlungsplan mit Teilzielen.

Zerlegen Sie Ihr großes „End“-Ziel in viele kleine Ziele. Machen Sie die Teilziele bewusst machbar. Zu hochgesteckte Teilziele erzeugen eine hohe Erwartungshaltung und setzen Sie unnötig unter Druck. Nutzen Sie Ihre realistische Selbsteinschätzung.

Zerlegen Sie das Ziel in zirka fünf bis zehn Teilziele. Beantworten Sie sich die folgenden Fragen:

- Welche Stufe muss erreicht sein, damit die nächste Etappe begonnen werden kann?
- Welche Resultate muss ich erzielen?

Für komplexe Ziele und Pläne malen Sie idealerweise eine Mind-Map.
Sie überlegen, wie Sie das Ziel am besten erreichen, bevor Sie die erste Handlung aufführen. Benennen Sie Maßnahmen und Mittel.

Beginnen Sie sofort mit der ersten Handlung

Die meisten Menschen glauben, ist der Plan fertig geschrieben, ist alles erledigt. Nein. Jetzt geht es los! Setzen Sie den ersten Schritt direkt um. Auch wenn es nur ein Telefonat, eine Recherche im Internet oder ein Besprechungstermin ist. Beginnen Sie direkt, Ihr erstes Teilziel umzusetzen. Sagen Sie sich: Action! Denn Warten kostet Geld, und Sie verlieren kostbare Lebenszeit. Ein Sieger vergeudet keine Kraft und keine Zeit. Er fokussiert sich ganz auf sein Ziel und bewegt sich gedanklich wie in einem Tunnel. Er lässt sich nicht mehr ablenken. Die ganze Energie richtet er wie mit einem Parabolspiegel gebündelt auf ein Ziel.

Fazit

Glauben Sie mir: Eine Zielsetzung, die keiner kennt, kann niemanden mitreißen. Am wenigsten Sie selbst. Wenden Sie den Fünf-Schritte-Blitz-Plan bewusst zur Zielsetzung an. Formulieren und planen Sie Ihre „Wow"-Idee. Sie werden überrascht sein, wie sicher Sie Projekte und größere Aufgaben verwirklichen. Aus dem Zielsetzen und Verwirklichen muss man keine Wissenschaft machen. Diese fünf Schritte reichen aus, um alle Ziele im Leben anzugehen. Denn ein Ziel, das Sie nicht sehen, können Sie nicht treffen. Der Blitz-Plan bereitet Sie auf Hindernisse vor und mobilisiert mentale Kraft. Er fokussiert die Energie auf das Ziel.
Erfolgreiche Menschen haben ein scharfes Bild von ihrem Ziel vor Augen. So wie Armin Schwarz. Er hat immer ein eindeutiges „Kopfbild" von seinem Projekt im Kopf – ähnlich wie früher das Streckenprofil beim Rallyefahren.

Zusatztipp

Bilder wirken direkt im Unterbewusstsein. Um diesen Effekt zu nutzen, können Sie sich zum Beispiel ein eigenes Bild als Desktop- oder Smartphone-Hintergrund einrichten. Ich gestalte mir immer wieder in Powerpoint ein Zielbild aus vielen verschiedenen Motiven, die mich inspirieren. Die Folie speichere ich als jpg-Datei ab und binde sie als Desktop-Hintergrund ein. So sehe ich mein aktuelles Ziel immer auf dem Bildschirm, habe es mehrmals täglich vor Augen. Ein solches Bild spendet mentale Energie. Es erinnert an das Umsetzen der Teilziele.

Kurzformel

Ziel mit Deadline fixieren
Ist-Situation
Hindernisse erkennen
Mentale Stärke
Teilziele und Resultateplan

Kerngedanken

Jeder erste Schritt beginnt im Kopf mit einer Zielsetzung.
Ziele zu setzen ist als Standardverfahren leicht lernbar.
Ein Ziel muss ganz klar sein und braucht eine Deadline.
Ein Handlungsplan zeigt Hindernisse und Ressourcen.
Ein großes Ziel gliedert sich in leichte Etappen.

„Nur wer sein Ziel kennt, findet den Weg."
LAOTSE (6. JH. V. CHR.)

„Ergreife eine einzige Idee. Lass Gehirn, Muskeln, Nerven, jeden Teil deines Körpers von dieser Idee erfüllt sein, und kümmere dich um sonst keine. Das führt zum Erfolg."

SWAMI VIVEKANANDA (1863–1902)

„Konzentriere dich in deinem kurzen Leben auf wesentliche Dinge und lebe mit dir und der Welt in Harmonie."

SENECA (1–65)

8. Konzentration

Die Aufmerksamkeit auf das Wesentliche lenken

Sieger tun das Richtige im richtigen Moment. Und sie tun das Richtige mit voller Konzentration. Dabei fokussieren sie ihre Gedanken ganz auf das Hier und Jetzt. Die Qualität der Konzentration bestimmt das Endergebnis. Der erfolgreichste deutsche Golfer Bernhard Langer gab in der „Welt am Sonntag" Nr. 31/2006 ein Interview zum Thema Konzentration: „Wenn Tausende Leute mitgehen, das Fernsehen live dabei ist und man Weltklasseleistung bringen will, muss man sich konzentrieren. Ich muss den Schlag schließlich auch ausführen, wenn ein Düsenjäger über meinen Kopf fliegt. Das kann ich."
Neben dem körperlichen Training ist besonders im Golfsport das Üben der Konzentration wichtig. Als Mentaltrainer des Tiroler Golfverbands arbeite ich mit Jugendspielern intensiv am Thema Konzentration. Nach jeder Mental-Trainingseinheit zu diesem Thema verbessert sich die Spielleistung bei den Jugendlichen sprunghaft. Denn wer sich im Spiel nicht konzentrieren kann, macht Fehler. Das können technische oder taktische Fehler sein oder ein Spieler ist einfach „nicht voll da". Bei leicht geglaubten Schlägen können Fehler wegen Flapsigkeit entstehen und ein sicherer Put geht dann daneben. Eine einzige Unaufmerksamkeit kann über Sieg oder Niederlage entscheiden. Die Fähigkeit zur Konzentration zeichnet den Champion aus. Wer im Wettkampf seine Gedanken fokussieren kann, kann am ehesten sportliche Höchstleistungen abrufen. Der Ausnahmegolfer Ben Hogan sagte: „Golf ist zu zwanzig Prozent Technik, zu achtzig Prozent Geist."
Die Konzentration ist auch nach einem Fehlschlag im Spielverlauf enorm wichtig. Wenn ein Golfer mit seinen Gedanken bei dem verschlagenen Ball hängen bleibt, wird das weitere Spiel gestört.

Auf der Zeitlinie gesehen findet Konzentration immer im Jetzt statt. Konzentration heißt 100-prozentig im Hier und Jetzt zu sein. Im Hier bedeutet am Ort des Geschehens ganz bei sich zu sein. Und zwar in Körper, Geist und Herz. Das heißt nicht nur physisch anwesend zu sein, sondern mental ganz bei der Sache und auch vom Gefühl ganz involviert zu sein.
Um im Golf an der Weltspitze mitspielen zu können, muss ein Spieler lernen, einen verschlagenen Ball sofort zu vergessen. Wenn er den nächsten Ball schlägt, muss er ganz frei von Frust über den vorherigen Ball sein. Der einzige Schlag, der dann eine Rolle spielt, ist der, den er gerade jetzt ausführt. Er hält seinen Geist scharf fokussiert auf den jetzt anstehenden Schlag. Genauso fatal wäre es, während des laufenden Spiels seine Gedanken in die Zukunft schweifen zu lassen.
Wer als Elfmeterschütze im Fußball im WM-Finale über die Tragweite des Elfmeters nachdenkt und überlegt, was passiert, wenn der Ball nicht ins Tor geht, der kann sich nicht mehr auf den Schuss konzentrieren. Die Vorstellung der möglichen Folgen führen zu Blockaden. Die bewirken, dass der Ball tatsächlich danebengeht.

Auf der Zeitachse ganz im Augenblick zu sein, heißt, weg von Erinnerungen an die Vergangenheit und sich auch keine Sorgen über die Zukunft zu machen. Denn Sie haben im Moment keinen Einfluss darauf. Das Vergangene ist nicht zu ändern. Die Zukunft steht in den Sternen und Sie werden, wenn es so weit ist, das Richtige tun. Sie können nur im Moment, in der Gegenwart handeln.
Athleten erleben den Wettkampf daher wie einen Tunnel. Sie blenden alles Störende aus, und es wird im Sport auch immer wieder der Begriff „Gehirn ausschalten“ verwendet. Das soll nicht in die Irre führen, denn es bedeutet nicht, nichts mehr zu denken, sondern, nicht zu viel zu denken. Der Sportler muss den auf ihm lastenden Druck ausblenden und lösungsorientiert denken. Athleten, die in wichtigen Phasen des Wettkampfs zu viel nachdenken, verkrampfen. Der Fokus soll auf die Zielerreichung gerichtet und handlungsführend sein. Der Sportler konzentriert sich auf die aktuelle Handlung und das relevante Geschehen. Zum Beispiel beim Golf auf die aktuelle Spielsituation und nur den einen anstehenden Schlag. Störende Gedanken über Konkurrenten, Zuschauer, Störfaktoren usw. werden ausgeblendet
Der Mythos vom Multitasking wird im Zusammenhang mit Konzentration zwar immer wieder gern ins Feld geführt, doch funktioniert das gleichzeitige Erledigen mehrerer Aufgaben nur, wenn es sich um Routinetätigkeiten handelt. Möchte ein Mensch etwas Neues lernen oder befindet er sich in einer einmaligen und für ihn wichtigen Situation, führt jede Ablenkung zu einer Schwächung der Konzentration und in Folge zu einem Leistungsverlust. Die beiden Hirnforscher David Meyer und Jeffrey Evans kamen bei ihren Untersuchungen zu dem Ergebnis, dass der ständige Wechsel zwischen mehreren Aufgaben die Effektivität des Gehirns um bis zu 40 Prozent mindert. Wer also mehrere Aufgaben gleichzeitig erledigt statt nacheinander, braucht für dieselben Ergebnisse mehr Zeit. Zudem steigt die Fehlerrate.

Der Grund dafür liegt in den Energie und Zeit raubenden Umschaltphasen. Ständiges Multitasking hemmt die Produktivität. Auf Dauer führt es gar zu seelischen und körperlichen Beschwerden. Deshalb gehört Konzentration zu den absoluten Grundfähigkeiten, um Leistung erbringen zu können. Egal, ob im Sport oder im Beruf. Wer sich bei seinem Denken und Handeln konzentrieren kann, hat einen Vorteil und steigert seine Wirksamkeit. In der Fähigkeit der Konzentration unterscheidet sich der Gewinner vom Verlierer. Bei gleicher körperlicher und technischer Fitness gewinnt derjenige mit der höheren Konzentrationsfähigkeit. Mit dem folgenden Shortcut lernen Sie, Ihre Aufmerksamkeit zu lenken und Konzentration auf Kommando zu erzeugen.

Praxisanleitung

Um schnell in den Zustand einer intensiven Konzentration zu gelangen, sind die folgenden Schritte in der richtigen Reihenfolge zu beachten. Wichtigste Voraussetzung ist, Körper und Geist durch bewusstes Entspannen zur Ruhe zu bringen, sodass Ihnen keine Gedanken mehr durch Ihren Kopf geistern und stören. Danach wird die Aufmerksamkeit auf einen Punkt, auf das Licht, gebündelt.
Die zweite Konzentrationsübung sollten Sie erst beginnen, wenn Sie die erste sicher beherrschen.

Konzentrationsübung Nummer 1

Vorbereitung

Im ersten Schritt ist Ruhe die wichtigste Voraussetzung, um die Fähigkeit, sich zu konzentrieren, schnell zu lernen oder zu verbessern. Daher sollten Sie alle möglichen Ablenkungsquellen wie Musik, Fernsehen, Telefon, SMS, Chat, Fax und Haustürklingel abschalten. Bitten Sie vielleicht auch im Haushalt anwesende Personen, Sie nicht zu stören. Schotten Sie sich ab und lassen Sie keine Störungen zu – zumindest nicht in der ersten Phase. Schaffen Sie sich einen Meditationsraum der Ruhe und mit angenehmem Ambiente. Zünden Sie vor sich auf dem Tisch eine Kerze an. Der Abstand sollte zirka 50 Zentimeter betragen. Stellen Sie sich einen Timer oder eine Eieruhr bei der ersten Übung auf zwei Minuten. Steigern Sie die Übungseinheiten nach und nach auf 20 Minuten.

Übungsausführung

Bringen Sie Körper, Geist und Gefühl in einen entspannten Zustand. Nehmen Sie dazu eine bequeme Sitzhaltung ein und sorgen Sie dafür, dass Sie nichts piesackt, kein Hosenbund, kein hochgerutschtes Hosenbein. Sagen Sie sich: „Ich bin ruhig und entspannt in meinem Zentrum." Um die Entspannung zu intensivieren, hilft ein bewusstes Lenken des Atmens. Atmen Sie ruhig, leise und regel-

mäßig. Atmen Sie bewusst und tief in den Bauch ein und lassen die Luft langsam von allein wieder ausströmen.
Jetzt konzentrieren Sie sich auf die Kerzenflamme. Halten Sie die Augen bewegungslos und die Augenmuskeln locker. Dabei entspannt auch das Gehirn. Vertiefen Sie sich auf die Flamme und blenden Sie alles andere aus. Wie sieht das Feuer aus? Erkennen Sie Veränderungen, das Flackern und die Lebendigkeit. Konzentrieren Sie sich auf die Flamme, betrachten Sie jedes Detail. Es fällt leichter, wenn Sie versuchen, im Spiel der Flamme Figuren oder Muster zu erkennen. Dadurch bleiben Sie mit Ihrer Aufmerksamkeit bei der Flamme. Halten Sie die Flamme als „Konzentrationspunkt" so lange wie möglich mit Ihrem Blick fest. Sie können blinzeln, aber nicht die Augen schließen. Sie werden feststellen, dass Ihr Atem ruhiger wird. Vielleicht spüren Sie auch, dass sich Ihr Puls verlangsamt. Wichtig bei dieser Konzentrationsübung ist, dass Sie alle ablenkenden Gedanken, die unweigerlich aufkommen, einfach ziehen lassen. Sie haben in der Zeit der Übung keine Bedeutung. Mit der folgenden Selbstinstruktion können Sie den Fokus auf der Kerze halten: „Ich sehe nur die Flamme." Oder: „Ich sehe das Flackern."
Wenn Ihr Timer läutet, kehren Sie aus der tiefen Konzentration zurück. Sie strecken die Arme über den Kopf und stehen auf, strecken und dehnen den ganzen Körper.

Anmerkung

Zu Beginn strengt diese Übung durchaus an. Nach ein paar Wiederholungen werden Sie verblüfft sein, wie lange Sie sich auf diese eine Sache konzentrieren können. Am Anfang sollten Sie mindestens zwei Minuten dieses Kerzenlicht beobachten können; Fortgeschrittene können das stundenlang ohne abzuschweifen.
Eine weitere Variante der Übung ist, anstelle der Selbstinstruktion die Atemzüge zu zählen. Während Sie die Flamme beobachten und den Fokus auf das Zählen richten, fällt es vielen leichter, ablenkende Gedanken ziehen zu lassen.
Wenn Sie die Übung sicher beherrschen, können Sie diese auch unter erschwerten Bedingungen beispielsweise in einem vollen Restaurant, einem Hauptbahnhof oder Flughafenterminal ausführen. Anstelle der Kerze können Sie einen Punkt im Raum anvisieren.

Konzentrationsübung Nummer 2 – Aufbauübung

Vorbereitung:

Die folgende Übung sollten Sie erst durchführen, wenn Sie sich mit der ersten Übung sicher fühlen. Diese zweite Stufe ist ein systematisches Lenken der Aufmerksamkeit, um Ihre Konzentration in Ihrem spezifischen Bereich zu verbessern. Die Kunst beim Lenken der Aufmerksamkeit liegt darin, keine Energie auf

Ablenkungen zu vergeuden und sich nur mit dem zu beschäftigen, was Sie gerade machen. Der effektivste Weg für maximale Konzentration ist die kombinierte Lenkung von Vorstellung, Selbstgespräch und Körperregulation. Damit werden Körper, Geist und Herz sehr schnell und effektiv gemeinsam auf ein gewünschtes Ziel gerichtet. Ich demonstriere Ihnen die Übung zur Konzentrationslenkung am Beispiel eines Golfabschlags.
Überlegen Sie, in welcher Situation Sie Ihre Konzentration besser fokussieren möchten.

Übungsausführung

Visualisierung: Um die Konzentration zu erhöhen, muss ein Golfer ganz im Hier und Jetzt sein. Folglich müssen auch die inneren Bilder nur um diese aktuelle Aufgabe kreisen. Bei einer koordinativ anspruchsvollen Bewegung wie einem Golfabschlag sieht ein Golfer vor seinem inneren Auge, wie er den Abschlag erstklassig ausführt. Der Ball erreicht sein Ziel. Alles andere ist ausgeblendet. Er sieht in seinem Kopfkino in diesem Moment nur Bilder des idealen Abschlags und fokussiert dabei sein Ziel auf dem Fairway oder das Green exakt an.
Es ist vergleichbar mit einer Autofahrt in der Nacht auf längerer Strecke. Zum Beispiel von München nach Hamburg. Sie fahren und Ihre Aufmerksamkeit ist im Scheinwerferkegel auf die nächsten 100 Meter gerichtet. Es spielt keine Rolle, was in zehn oder 100 Kilometern ist. Es ist auch egal, was links und rechts der Straße liegt. Denn wenn Sie da zu lange hinschauen, kommen Sie durch die Ablenkung von der Bahn ab. Und genauso verhält es sich mit dem beruflichen Leistungsaugenblick. Sie sehen nur das, was jetzt in dem Moment zählt.

Selbstgespräch: Ihren Verstand können Sie mit dem inneren Dialog in die optimale Richtung lenken. Ein Golfer sagt sich beispielsweise: „Ich bin fokussiert“ oder „Ich bin konzentriert.“ Folgende Selbstinstruktion ist bei einigen meiner Sportler auch sehr beliebt: „Ich bin eins in Körper, Geist und Herz.“
Beruflich können Sie alternativ auch lösungsorientierte Fragen auf Ihr Ziel lenken, um sich auf den Prozess auszurichten.
Hier ein paar sehr wirkungsvolle Fragen:

- Was genau möchte ich erreichen?
- Wie kann ich mein Ziel am besten erreichen?
- Was kann ich jetzt in diesem Moment tun?
- Wie kann ich es jetzt noch besser schaffen?

Ein geübter innerer Dialog, ganz gleich ob mit Selbstinstruktionen oder mit gezielten Fragen, lenkt die Aufmerksamkeit im entscheidenden Moment in die richtige Bahn.

Körperregulation: Um den Körper ideal auf den Leistungsmoment auszurichten, können Sie verschiedene Übungen zum Aktivieren oder Entspannen anwenden. Es ist leicht, die Haltung, Atmung und Muskelspannung sofort anzupassen. Profis oder NLP-Erfahrene nutzen den „Moment of Excellence“ (Shortcut Nummer 2), um diesen Körperzustand herzustellen. Bringen Sie sich zur absoluten Konzentration in genau die Körperspannung, die Sie benötigen.

Zusammenfügen von Visualisierung, Selbstgespräch und Körperregulation: Ein Golfer verkörpert in seiner optimalen Abschlagsspannung seine geistige und gefühlsmäßige Konzentration. Der Schlüsselgedanke für jeden Golfschlag lautet: Schlage jeden Schlag, als ob er nur ein einziges Mal passiert. Dabei bündelt ein Golfer seine Energie in diesem Moment.
Übertragen Sie diese Einmaligkeit auch auf Ihre persönliche Situation. Bringen Sie Körper, Geist und Herz durch Visualisierung, Selbstgespräche und Körperregulation in Einklang. Lenken Sie Ihre ganze Aufmerksamkeit auf die gewünschte Situation und richten diese auf Ihr Ziel aus. Sie werden eins mit sich selbst und sind vollkommen präsent im Augenblick.

Kontrollfragen

Fragen Sie sich:

- ☐ Wie ist mein Gefühl in meiner speziellen Situation? Angespannt oder harmonisch?
- ☐ Bin ich in diesem Augenblick ganz gegenwärtig und präsent?
- ☐ An was denke ich gerade?
- ☐ Schweifen die Gedanken in die Vergangenheit oder in die Zukunft ab?
- ☐ Tauchen Zweifel oder Blockaden auf?
- ☐ Denke ich an etwas, das mich belastet?
- ☐ Wie fühlt sich mein Körper an? (Haltung, Spannung, Atmung)
- ☐ Fühle ich mich stark, entspannt, angespannt oder schwach?

Fazit

Bei den gestiegenen Anforderungen im Beruf, der permanenten digitalen Erreichbarkeit und den vielfältigen medialen Ablenkungen ist die Fähigkeit zur Konzentrationslenkung ein starker Leistungsfaktor geworden.
Wer seine Aufmerksamkeit gut lenken und schnell umschalten kann, hat einen großen Vorteil. Das wirkt sich beispielsweise aus beim Lernen, in Leistungsmomenten und in geschäftlichen Verhandlungen. Viel Spaß also beim Konzentrieren!

Kurzformel

Fokussieren Sie Körper, Geist und Herz durch Visualisierung, Selbstgespräch und Körperregulation auf das Hier und Jetzt.

Kerngedanken

In höchster Konzentration sind Körper, Geist und Herz eins.
Was zählt, ist der Moment im Hier und Jetzt.
Konzentration heißt auch alles oder nichts.
In der Fähigkeit der Konzentration unterscheidet sich der Gewinner vom Verlierer.

„Gute Konzentrationsfähigkeit ist der Schlüssel zum Erfolg in allen Lebensbereichen sowie zur Kultivierung und Entwicklung aller körperlichen, geistigen und emotionalen Fähigkeiten."

SWAMI SIVANANDA RADHA (1887–1963)

„Wer gut lernen will, kann nicht in einem Zimmer arbeiten, in dem dauernd das Telefon klingelt, Gespräche geführt werden oder Musik läuft."

WOLFGANG ENDRES

„Das Leichte ist richtig.
Beginne richtig, und es ist leicht.
Fahre leicht fort, und es ist richtig."

TSCHUANG-TSE (365–290 V. CHR.)

9. Flow

Der kreative Beschleuniger

Kennen Sie folgende Situation? Sie sollten schon seit einiger Zeit Aufgabe A erledigen und schieben sie immer wieder vor sich her. Deshalb haben Sie sich vorgenommen, diese am nächsten Morgen zu erledigen. Am nächsten Morgen sagen Sie sich, ich mache vorher noch schnell etwas anderes. Auf einmal ist die Mittagspause da, und Sie wundern sich, dass Sie immer noch nicht zu Aufgabe A gekommen sind. Und so geht das schon seit Wochen und Monaten.

Der Shortcut „Flow“ eignet sich hervorragend, sich für unliebsame Arbeiten zu aktivieren. Er ist für mich persönlich eines der wichtigsten Basics, um eine Entwicklung zu beschleunigen. Weil er eine optimale Vorstartstimmung ermöglicht. Ich selbst wende diese Technik immer an, wenn ich eine intensive Arbeit beginne oder eine ungeliebte Tätigkeit verrichten muss. Flow setze ich auch immer als erste Übung in meinen Seminaren für gehirngerechtes Lernen mit Auszubildenden ein. Alle zuvor bestehenden oder eventuell auftretenden Lernwiderstände werden damit aus dem Weg geräumt. Die Teilnehmer sind sofort lernbereit. Denn wer sich vor dem Aneignen von neuem Wissen in Flow versetzt, hat Lernwiderstände schon überwunden. Lernen geschieht schneller und intensiver. Das ist die Voraussetzung für jede Veränderung, ganz gleich wie jung oder alt jemand ist. Der Flow beschleunigt den Schaffensprozess. Beflügelt schrieb ich auch dieses Buch. Denn jedes Mal, wenn ich mich daransetzte, habe ich mich zuerst in einen Schreib-Flow gebracht.

Was ist Flow? Flow heißt aus dem Englischen übersetzt „fließen“, „strömen“ und beschreibt ein Gefühl des völligen Aufgehens in einer Tätigkeit. Es führt zu einem Schaffens- oder Tätigkeitsrausch, der in einem mittleren Bereich zwischen Überforderung und Unterforderung liegt. Der von Prof. Mihaly Csikszentmihalyi erforschte Flow-Zustand beschreibt Momente der optimalen Befindlichkeit. Wir sind eins mit uns und der Welt. Bei der Arbeit erlebt jemand einen Flow, wenn er gefordert wird, ohne dass ihn die Aufgabe überfordert. Die Anforderung der Aufgabe muss den Fähigkeiten der Person entsprechen.

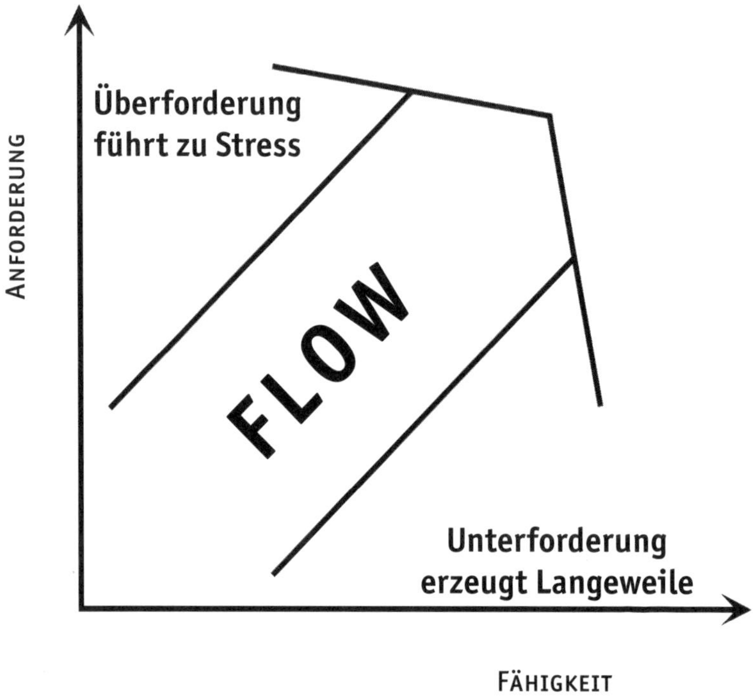

Eine ausgewogene Anforderung, die den persönlichen Fähigkeiten entspricht, lässt Flow entstehen. Eine Unterforderung langweilt, Überforderung blockiert.

Ich habe hier die optimale Technik, mit der Sie sich blitzartig in diesen Zustand bringen können. Bei meinen Seminarteilnehmern habe ich festgestellt, dass Flow aus der inneren Einstellung von Freiwilligkeit, Offenheit, Konzentration, Begeisterung und Zielbewusstsein resultiert. So kam folgende Formel zustande:

Mentale Voraussetzung für den FLOW = Freiwilligkeit + Offenheit + Konzentration + Begeisterung + Zielbewusstsein

Die drei Punkte Begeisterung, Konzentration und Zielbewusstsein haben Sie in den vorangegangenen Shortcuts schon kennengelernt. Deshalb setze ich diese voraus und gehe an dieser Stelle nur kurz auf die Themen Freiwilligkeit und Offenheit ein. Die Freiwilligkeit ist die wichtigste Voraussetzung für alles Tun. Sie lässt sich am besten anhand einer Bergführerregel erklären: „Nimm niemanden mit auf den Berg, der nicht auf den Berg will." Jeder muss für sich selbst bestimmen, dass er das bzw. etwas tun möchte.

Offenheit ist für den Flow die nächste wichtige Grundhaltung. Denn nur wer offen ist, kann auch Neues aufnehmen. Im Laufe eines kreativen Prozesses kommt es zu Erkenntnissen und vielleicht sogar zu Erleuchtungen. Wer dann mental ablehnend ist, wird das Neue nicht erkennen und schon gar nicht annehmen können. Öffnen Sie Ihre Kapazität weit, damit Sie in einem Lern- oder Kreativitätsprozess viel aufnehmen können. Das große Problem ist, dass wir zirka ab dem 35. Lebensjahr aufhören, offen zu sein und beginnen, uns auf unsere Erfahrung zu verlassen. Die Erfahrung wird durch Gefühle verkörpert. Und wir lassen uns ab Mitte dreißig mehr von unseren Gefühlen leiten. Das begrenzt uns und verschließt uns gegenüber Neuem. Deshalb seien Sie im Flow bewusst offen. Um etwas aufnehmen zu können, müssen Sie aufmachen.

Flow hat nicht nur eine mentale, sondern auch eine körperliche Komponente.

Speziell Jogger erleben beim Laufen einen Flow-Zustand, der sich bis zu einem psychischen Glücksgefühl, dem „Runners' High", steigern kann. Dieses Gefühl der Euphorie wird durch die Hormonproduktion im Körper ausgelöst. Daran beteiligt sind die Endorphine, körpereigene Sustanzen mit morphinähnlicher, schmerzlindernder Wirkung. Ein Gefühl der Schwerelosigkeit, der Leichtigkeit und des Schwebens stellt sich ein. Die innere Energie wird gesteigert. Stress und Druck werden abgebaut, Denkblockaden durch die körperliche Bewegung aufgelöst. In diesem Zustand lassen sich klare Gedanken fassen und neue Möglichkeiten erkennen. Damit Sie nicht erst drei Kilometer durch den Wald laufen müssen, um den Körper in einen guten Flow-Zustand zu bringen, habe ich die folgende Übung für Sie. Tanzen, Springen und Hüpfen regt den Flow unmittelbar an.

Schon das Springen alleine löst positive Gefühle im ganzen Körper aus: Für einen gesunden Menschen ist es unmöglich, zu springen und gleichzeitig deprimiert zu sein. Um den Mix für den Flow-Cocktail abzurunden, gebe ich den Stimmungsaufheller Musik dazu. Denn Tanzen und Springen zur Musik führt schon fast von selbst in einen tranceähnlichen Zustand. Aus diesem Grund habe ich meine Flow-Formel um Bewegung plus Musik erweitert:

FLOW = Freiwilligkeit + Offenheit + Konzentration + Begeisterung + Zielbewusstsein + Tanzen/Springen + Lieblingsmusik.

Mit dieser Formel kommen Sie ganz schnell in ein Flow-Erlebnis und können sofort vollkommen in Ihrer Aufgabe aufgehen. Die Eindenkphase wird dadurch wesentlich verkürzt. Von Beginn an können Sie intensiv an Ihrem Thema arbeiten. Wenn Sie die Übung nach folgender Anleitung ausführen, gibt es kein Halten mehr, stellt Flow sich automatisch ein.

Praxisanleitung

Die folgende Maßnahme bringt Sie in zirka zwei Minuten in den Flow. Legen zuerst Ihre Lieblingsmusik mit einem Powerbeat auf. Dann unterbrechen Sie blockierende Spannungen im Körper, indem Sie sich kurz aktivieren. Laufen Sie auf der Stelle. Beginnen Sie langsam, und steigern Sie dann die Geschwindigkeit bis zu einem Sprint. In der maximalen Geschwindigkeit laufen Sie höchstens fünf Sekunden – und auch nur, wenn Sie an keinen Herzerkrankungen leiden. Alternativ dazu können Sie auch zehn bis 20 Kniebeugen oder zehn bis 20 Liegestützen machen.
Dann beginnen Sie zur Musik zu tanzen und zu springen.
Rufen Sie dazu Ihre innere Einstellung von Freiwilligkeit, Offenheit, Konzentration, Begeisterung und Zielbewusstsein ab. Und wiederholen Sie die Formel mit lauter Stimme immer wieder:

FLOW = Freiwilligkeit + Offenheit + Konzentration + Begeisterung + Zielbewusstsein + Tanzen + Musik

Haben Sie viel Spaß dabei und tanzen Sie sich in Trance. Gegen Ende des Liedes sagen Sie sich wiederholt einen Satz, zum Beispiel diesen: „Ich bin im Fluss“ oder „Ich bin im Flow“ oder etwas Ähnliches.

Damit haben Sie sich emotional, mental und körperlich in den optimalen Lernzustand gebracht. Sie sind aktiviert und können beschleunigt kreativ und lösungsorientiert denken und arbeiten.

Transfer ins Berufsleben

Setzen Sie den Flow täglich vor Arbeitsbeginn ein. Sie können ihn zu Hause ankicken, auf dem Weg zur Arbeit, wenn die Strecke nicht zu weit ist. Oder Sie wärmen sich im Büro mit Ihrer mentalen Morgengymnastik auf. Dazu den MP3-Player mit dem Lieblingslied einstöpseln, und ab geht die Post.

Fazit

Der Shortcut „Flow“ dient als Anfangsimpuls. Er versetzt Sie sofort in die richtige Stimmung für eine neue Aufgabe. Ganz gleich, ob im Beruf, beim Hobby oder beim Sport. Wenden Sie den Flow genauso regelmäßig an, wie zum Beispiel das Händewaschen vor dem Essen. Sie werden sehen, dass Sie in großen Sprüngen vorankommen. Sie gehen schneller in Ihrer Tätigkeit auf und setzen Ihre Zeit effektiver ein. Sie werden auch sehen, wie schnell der Flow sich verselbstständigt und zu einer neuen, kraftvollen Angewohnheit wird. Wenn Sie dieses beflügelnde Gefühl erfahren haben, wollen Sie darauf gar nicht mehr verzichten. Ich wünsche Ihnen viel Erfolg und ein gutes Flow-Erleben!

Kurzformel

Freiwilligkeit + Offenheit + Konzentration + Begeisterung + Zielbewusstsein + Tanzen/Springen + Lieblingsmusik

Kerngedanken

Mit dem Flow geschieht Lernen schneller und intensiver.
Der Flow öffnet neue Weite für Gedankenprozesse.
Anlaufschwierigkeiten werden ausgeschaltet.
Die Eindenkphase in eine Aufgabe verkürzt erheblich.

Ein Tipp zum Schluss

Gelingt es Ihnen nicht, in den Flow zu switchen, hat es oft zwei typische Ursachen. Sie können nicht genug abschalten, weil Ihnen irgendetwas durch den Kopf geistert. Dann sich einfach mal „ent-Sorgen“ (Shortcut Nummer 1). Ein weiterer Grund kann Zeitdruck sein: Die Angst im Hinterkopf, den nächsten Termin zu verpassen, verhindert ein Flow-Erlebnis. Stellen Sie sich daher einen Wecker oder Timer so rechtzeitig, dass Sie den nächsten Termin pünktlich wahrnehmen können.

„Wer sich zum Wurm macht, soll nicht klagen, wenn er getreten wird."

IMMANUEL KANT (1724–1804)

„Wenn es einen Glauben gibt, der Berge versetzen kann,
so ist es der Glaube an die eigene Kraft."

MARIE VON EBNER-ESCHENBACH (1830–1916)

10. Selbstbewusstsein

Im Glauben an sich stark

Mein Coaching-Notfall-Handy klingelte. Ein Vater rief mich voller Sorge um seine Tochter Julia (den Namen habe ich geändert) an. Die 15-Jährige bereitet sich aktuell auf die Deutsche Meisterschaft im Golf vor, bleibt aber seit Wochen hinter ihren Fähigkeiten zurück. Wir verabredeten ein erstes Coaching-Gespräch. Ich lernte Julia und ihren Vater kennen. Im Alter zwischen 12 und 14 Jahren hatte Julia jedes Turnier gewonnen. Mit Beginn des Wachstumsschubs gelang ihr jedoch nichts mehr. Die Arme und Beine wuchsen dermaßen schnell, dass die Koordination nicht mehr rund lief. Das Gehirn konnte das Wachstum, die veränderte Länge der Gliedmaßen nicht so schnell verarbeiten. Dieses Phänomen betrifft im Übrigen alle Jugendlichen. Sie verschätzen sich bei Alltagsbewegungen, fassen schnell ein Glas falsch an, das dann zu Bruch geht. Julia brach in ihren spielerischen Erfolgen ein. Die Selbstzweifel in ihr wurden immer lauter. Ein Jahr harten Trainings ohne Turniererfolge nagte an ihrem Selbstbewusstsein. Sie steckte in dem Glauben fest, nie mehr siegen zu können. Ihre Schwungtechnik war durch den Einsatz von Golf Pro und Vater mittlerweile nahezu perfekt. Doch die beiden verstanden nicht, das mentale Bedürfnis der jungen Spielerin zu fördern. Dazu kam, dass der Vater als erfolgreicher Unternehmer den Hang zur Perfektion und Ungeduld hatte. Damit übte er, ohne es zu wollen, einen subtilen Druck auf seine Tochter aus. Sie gab sich alle Mühe, dem Wunschbild des Vaters zu entsprechen, und ging – ohne es zu merken – über ihre Grenzen.

In dieser Phase lernte ich Julia kennen und erhielt vom Vater die Aufgabe, ihre Zweifel aufzulösen und ihr Selbstbewusstsein zu stärken. Selbstverständlich signalisierte mir der Vater, dass er schnell Ergebnisse sehen wollte. Dankbar nahm ich

den zugespielten Ball an und erwiderte: „Es wird viel schneller gehen, wenn wir beide mit einem Elterncoaching beginnen." Meine Antwort erwischte ihn unerwartet, doch er willigte ein.
Zu Beginn des Coachings mit Julia erklärte ich ihr: „Ein schwaches Selbstbewusstsein blockiert deine Muskeln, und es fehlt dir die nötige Lockerheit im Spiel. Ein starkes Selbstbewusstsein muss ab sofort zu deiner neuen Gewohnheit werden." Nach einer intensiven Mentaleinheit begann Julia, sich wieder selbst zu vertrauen und konnte die neu gewonnene Stärke im Training direkt umsetzen. Der erste Impuls zeigte Erfolge. Wir machten mit dem Coaching weiter. Natürlich kamen Leistungseinbrüche, und ich sagte zu Julia: „Erfolgreiche Profi-Golfer glauben auch weiter an sich, unabhängig vom Ergebnis des letzten Schlages. Wenn großartiger Athleten aufhören, sich zu vertrauen, dann hören sie auf, großartig zu sein." Schritt für Schritt bauten wir ihr Selbstbewusstsein mithilfe von bestärkenden Glaubenssätzen auf. Julia lernte ihren inneren Dialog zu kontrollieren und ihre Selbstsicherheit im Unterbewusstsein zu verankern.
So wie es Julia ergangen ist, ergeht es vielen, die über längere Zeit nicht die gewünschten Ergebnisse erzielen und dabei Druck von außen erfahren. Durch Rückschläge beginnt jemand an sich selbst zu zweifeln, das Selbstbewusstsein wandert in den Keller.
Der Duden definiert Selbstbewusstsein als „Überzeugt sein von seinen Fähigkeiten, von seinem Wert als Person, das sich besonders in selbstsicherem Auftreten ausdrückt". Selbstbewusstsein ist die Summe aller Gedanken, die jemand über sich selbst hat. Ein selbstbewusster Mensch verspürt Vertrauen, Zuversicht und Sicherheit in so starkem Maße, dass er seiner Zukunft relativ optimistisch, angstfrei, sorglos und unbekümmert entgegengeht. Es ist leicht, wenn alles gut läuft. Doch gibt es auch Ereignisse, die unser Selbstbewusstsein auf die Probe stellen: eine Präsentation vor einer großen Gruppe zum Beispiel, Leistungssituationen, Rückschläge, lange Durststrecken oder wenn ich etwas das erste Mal mache. Selbstbewusstsein braucht jemand besonders dann, wenn er noch nicht erfolgreich in dieser Situation war. Dabei ist Selbstbewusstsein für viele in kritischen Situationen nicht die erste Wahl. Stattdessen resignieren sie innerlich. Sie schaffen es nicht, ihr Selbstbewusstsein aufrechtzuerhalten, weil sie nicht (oder nicht mehr) an sich glauben.

Mentalcheck

Gehen Sie in sich und fragen sich:

- ☐ In welchen Situationen habe ich ein schwaches Selbstbewusstsein?
- ☐ Im Beruf, beim Sport oder im Privaten?
- ☐ Wie verhalte ich mich in einem solchen Moment?
- ☐ Führe ich blockierende Selbstgespräche?

Selbstbewusstsein aufbauen

Das Selbstbewusstsein baut sich nicht nur durch Feedback und Erfolgserlebnisse auf. Es nährt sich auch stark von Selbstgesprächen und inneren Bildern. Damit kann jeder sein Selbstbewusstsein programmieren. Ganz gleich, wie schwer die Kindheit oder die Vergangenheit war. Jeder kann mit dem Stärken von Glaubenssätzen sein Selbstbewusstsein sofort drastisch verbessern.

Erfolgsfaktor „Glaubenssatz"

Ein Glaubenssatz ist eine Verallgemeinerung über die Bedeutung von Erfahrungen. Der Glaube übt einen starken Einfluss auf unser Denken aus: Er steuert unterbewusst unsere Selbstgespräche und unser Verhalten in einzelnen Situationen. Der Glaube ist für jemanden genauso real wie die materielle Welt. Denn der Mensch ist das, was er über sich denkt. Die Wirkung folgt dem Gesetz der sich selbst erfüllenden Prophezeiung auf unser Leben. Die menschliche Psyche funktioniert nach einer ganz simplen Regel: Was immer der Denker (Bewusstsein) im Kopf denkt, wird der innere Beweisführer (Unterbewusstsein) beweisen. So funktioniert nicht nur das positive, sondern auch das negative Denken in gleicher Weise effektiv.

Blockierende Glaubenssätze

- ☐ Das kann ich nicht.
- ☐ Dafür bin ich zu alt.
- ☐ Das ist unmöglich.
- ☐ Ich habe kein Talent.
- ☐ Das habe ich noch nie gekonnt.

Blockierende Gedanken wie „Das schaffe ich nie", „Dafür bin ich zu alt"… beschränken uns mental und limitieren unsere Möglichkeiten. Solche Gedanken machen Menschen kleingläubig. Ich empfinde es immer als ganz tragisch, wenn jemand noch nicht einmal an sich selbst glaubt. Ohne Glauben verlieren Menschen die Kraft zum Handeln. Obendrein ziehen sie mit blockierenden Glaubenssätzen auch immer wieder entsprechende Situationen und Ereignisse an.

Positive Glaubenssätze

- ☐ Ich schaffe es.
- ☐ „Ich gebe nicht auf" ist mein Motto.
- ☐ Ich bin körperlich stark, und trainiere regelmäßig.
- ☐ Ich bin gesund und geistig fit.
- ☐ Ich bin speziell und einzigartig.

- ☐ Ich bin ein ganz besonderer Mensch.
- ☐ Ich glaube an mich, denn ich habe ganz besondere Fähigkeiten.

Positive Glaubenssätze sind mentale Kraftspender. Sie führen zu einem enormen Selbstbewusstsein und dem Vertrauen, es zu schaffen. Der Glaube, dass alles möglich ist, macht uns besser in allem, was wir im Leben tun. Der Glaube an unsere Leistungsfähigkeit führt uns regelrecht zu unseren Zielen und gibt uns Sicherheit.

Ein neuer Glaubenssatz kann Ihr Leben verändern

Der Glaube ist eine Wahl. Zum Glück sind Glaubenssätze nicht genetisch festgelegt wie die Farbe der Augen zum Beispiel. Selbstbewusstsein entwickelt sich nicht zufällig, sondern resultiert aus Erfahrungen, mentaler Disziplin und positiven Glaubenssätzen. Wer seinen Glauben verändert, kann damit seine gesamte Zukunft verändern. Der neue Glaubenssatz bewirkt bessere Verhaltensmuster, reguliert Emotionen und erleichtert Erfolge durch erweiterte Möglichkeiten. Jetzt zeige ich Ihnen, wie Sie Ihr Selbstvertrauen auf Erfolg programmieren. Sie verfassen direkt einen starken Glaubenssatz und sammeln in einem weiteren Schritt Belege. Um Julias Selbstbewusstsein zu stärken, haben wir gemeinsam die folgende Übung in leicht abgewandelter Form durchgeführt.

Praxisanleitung

Erinnern Sie sich an Situationen, in denen Sie selbstbewusst waren. War das im Sport, im Beruf oder im Privatleben? Versetzen Sie sich zurück in diesen Moment und rufen Sie alle Erinnerungen dazu ab. Dazu können Sie auch den „Moment of Excellence“ anwenden. Was konnten Sie damals sehen, hören und vielleicht sogar riechen? Wie haben Sie sich gefühlt? Empfinden Sie nochmals das, was Sie damals empfunden haben.
Mit diesem inneren Gefühl gehen Sie nun an die Schritte 1 bis 3.

1. **Schritt:** Formulieren Sie einen starken Glaubenssatz
   Überlegen Sie sich einen Satz, der Ihnen Kraft spendet und Ihre besonderen Fähigkeiten beschreibt. Wenn es Ihnen schwerfällt, lassen Sie sich von der Liste der positiven Glaubenssätze inspirieren. Schreiben Sie Ihren Satz auf.

2. **Schritt:** Finden Sie mindestens zehn Belege für die Richtigkeit dieses Glaubenssatzes.
   Erinnern Sie sich an Erfahrungen, Bestätigungen, Referenzen oder Beweise aus Ihrem Leben, die diesen Glaubenssatz belegen.

Die folgenden Fragen helfen Ihnen:

- Welche Erfolge habe ich bereits in meinem Leben (Schule, Beruf, Sport, Freizeit, Hobby) erzielt?
- Welche besonderen Talente, Fähigkeiten, Stärken und Charaktereigenschaften zeichnen mich aus?
- Was kann ich besonders gut?
- Welche mentalen Stärken besitze ich?
- Was macht mich speziell und einzigartig?
- Welche Charaktereigenschaften sind mir eigen?
- Was lieben und schätzen meine Freunde an mir?

3. Schritt: Verkörpern Sie Ihr Selbstbewusstsein

Bringen Sie den Glaubenssatz in Ihren Körper und ihr Herz. Legen Sie dazu die rechte Hand auf die Stelle, wo Ihr Herz sitzt. Auf die Mitte des Brustkorbs. Konzentrieren Sie sich auf Ihr Herz. Atmen Sie ein paar Mal tief ein und aus, so als ob Sie den ganzen Sauerstoff in Ihr Herz einatmen. Dann beginnen Sie mit der inneren Stimme den Glaubenssatz in Ihr Herz zu sprechen. Seien Sie in dem Moment vollkommen von der Wahrheit des Satzes überzeugt. Erinnern Sie sich an alle Belege für den Glaubenssatz. Lassen Sie das Gefühl der Sicherheit von Ihrem Herzen aus sich in Ihrem ganzen Körper ausdehnen. Heben Sie dabei leicht den Brustkorb an und ziehen Sie die Schulterblätter hinten zusammen. Dann sagen Sie Ihren Glaubenssatz mit lauter Stimme und wiederholen ihn mindestens zehnmal. Spüren Sie, wie Ihre Stimme mit jeder Wiederholung sicherer wird und wie Ihr Selbstbewusstsein steigt. Wenn Sie sich ganz selbstbewusst fühlen, schließen Sie die Übung ab.

Transfer ins Berufsleben

Leben Sie Ihr Selbstbewusstsein als neue Routine. Überlegen Sie, wie Sie den Shortcut direkt in einem beruflichen Moment einsetzen können. Denn ohne Selbstbewusstsein im Job können Sie keine Zuversicht ausstrahlen. Stellen Sie sich eine Schlüsselaufgabe in der Firma vor. Erinnern Sie sich, auf welche Details es ankommt und wie Sie diese beherrschen. Erinnern Sie sich an die guten, erfolgreichen Momente, wie Sie diese bereits eingesetzt haben. Sollten Sie diese Aufgabe noch nicht ausreichend beherrschen, trainieren Sie sie. Rufen Sie sich Ihren Glaubenssatz über das Bewusstsein mitten in Ihr Herz. Etablieren Sie dieses Gefühl als eine Routine bei allem, was Sie beruflich, privat oder sportlich unternehmen. Vertrauen Sie sich selbst. Vertrauen Sie Ihrem Wesen. Pflegen Sie diese Fähigkeit. Je höher Sie beruflich aufsteigen, umso wichtiger wird das positive Bewusstsein Ihrer selbst. Wenden Sie Ihr neues Selbstbewusstsein heute mindestens in drei Situationen im beruflichen Umfeld an.

Zusatztipp Nummer 1

Wenn Ihnen es schwerfällt, Selbstbewusstsein aufzubauen, liegt das möglicherweise an Zweifeln oder Sorgen. Zweifel untergraben Ihr Selbstbewusstsein, und Sie verlieren an Leistungsfähigkeit. Ich habe noch nie jemanden erlebt, der sich verbessert hat, indem er besser gezweifelt hat. Wenn es so ist, wiederholen Sie Shortcut „Ent-Sorgen“. Überlegen Sie, welchen negativen Dialog Sie führen und entsorgen Sie die Sätze auf die beschriebene Weise. Ersetzen Sie daraufhin die alten Sätze mit Ihrem neuen Glaubenssatz. Sie werden begeistert sein, wie gut das funktioniert.

Zusatztipp Nummer 2

Meditieren Sie mit dem Glaubenssatz und denken Sie beim Aufwachen nicht an mögliche Alltagsprobleme, sondern rufen Sie sich bewusst zum Tagesstart Ihren Glaubenssatz ins Gedächtnis. Erinnern Sie sich auch an die Belege und Referenzen. Seien Sie sich sicher, dass sich alles zum Guten wenden wird. Genauso schlafen Sie am Abend mit dem festen Glauben an sich ein. Das gibt Ihrem Unterbewusstsein Ruhe für einen tiefen Schlaf, und Sie sind am nächsten Morgen viel besser drauf. Zweifel sind damit passé und haben keine Chance.

Fazit

Am Ende bekommt jeder, was er glaubt. Julia hat mit dem regelmäßigen Wiederholen dieser Übung und einem engagierten Golftraining nicht nur die Deutsche Meisterschaft gewonnen, sondern noch einige andere. Vor allem hat sie ein enormes Selbstbewusstsein aufbauen können. Das hat ihr als junger Frau geholfen, sicher ihren Weg zu gehen.

Glauben auch Sie an sich und seien Sie von sich überzeugt. In jedem Menschen steckt viel mehr Potenzial, als er sich selbst zutraut. Auch in Ihnen steckt noch viel mehr! Aktivieren Sie im richtigen Moment Ihr Selbstbewusstsein und Sie werden viel mehr erreichen als bisher. Der alte Glaube hat Sie dahin gebracht, wo Sie heute stehen. Um auf die nächste Stufe zu gelangen, benötigen Sie einen neuen und stärken Glauben an sich.

Alle Entwicklung beginnt zuerst mit dem eigenen Bewusstsein. Dann muss aus dem Selbstbewusstsein gehandelt werden. Haben Sie dabei keine Angst, einen Fehler zu machen. Selbstbewusstsein baut sich über die Erfahrung auf, über das „Was geht?“ und „Was nicht?“. Es kann Ihnen dabei passieren, dass Sie das Selbstbewusstsein in einem Moment nicht direkt abrufen können. Das passiert in allen Lebensbereichen. Dann heißt es, die Übung zu wiederholen. Viel Spaß!

Kurzformel

Hand aufs Herz + Atmen + Glaubenssatz mitten ins Herz + Referenzen abrufen

Kerngedanken

Ein schwaches Selbstbewusstsein blockiert meinen Körper.
Selbstbewusstsein ist die Summe aller Gedanken, die jemand über sich selbst hat.
Selbstbewusstsein ist eine Wahl.
Jeder bekommt, was er glaubt.

„Sei eine erstklassige Ausgabe deiner selbst,
keine zweitklassige von jemand anderem."
JUDY GARLAND (1922–1969)

„Der Glaube kann Berge versetzen."
SPRICHWORT

*„Wenn man die Ruhe nicht in sich selbst findet,
ist es umsonst, sie anderswo zu suchen."*

François de la Rochefoucauld (1613–1680)

11. Entstressen

Stressoren erkennen und regulieren

Hatten Sie noch nie Stress? Welch eine Frage. Natürlich! Stress lässt sich nicht immer vermeiden und ist ein in der Steinzeit erworbenes Programm, das beim Angriff des Säbelzahntigers über Leben und Tod entschied. Unter Stress versteht man Belastungen, die auf einen Menschen einwirken und körperliche, geistige oder emotionale Reaktionen auslösen. Spürbar wird Stress durch Schwitzen, Herzrasen oder Händezittern. Stress kann durch externe Stressoren wie soziale, körperliche oder psychische Belastungen ausgelöst werden. Doch auch Faktoren wie die eigene innere Einstellung, Erwartungshaltungen und Befürchtungen können Stressreaktionen auslösen.
Über das Thema Wettkampfstress sprach ich mit dem deutschen Judoka Dimitri Peters. Wir kennen uns seit 2009, als er mein Mental-Seminar in Hannover besuchte. Er kämpft in der Gewichtsklasse bis 100 kg. Bei den Olympischen Spielen 2012 in London gewann Dimitri die Bronzemedaille. Schon 2005 holte er sich den Titel bei den U-23-Europameisterschaften und ein Jahr später sicherte er sich bei den Europameisterschaften in Tampere die Bronzemedaille.
Wie andere Athleten bei internationalen Wettkämpfen kennt auch er den Stress vor einem Wettbewerb. „Mir geht viel durch den Kopf. Wie und was kann alles auf der Matte passieren. Etwa eine Niederlage, ein Sieg, ein schneller Sieg, ein harter Kampf über die Zeit ...“, sagt Dimitri und meint, dass ihn in dieser Phase unnötige Erwartungen stressen: Aussagen wie „Du musst jetzt gewinnen“. Ich hätte es lieber, erzählt er, wenn jemand sagt: „Gib dein Bestes!“ oder „Ich wünsche dir den maximalen Erfolg.“ Mit diesen Worten fühle er sich besser und das gäbe ihm mehr Sicherheit, so der Spitzensportler.

Dimitri Peters war Teilnehmer bei meinem Mental-Seminar in Hannover 2009.

Stress versucht Dimitri von Beginn an durch eine gute Vorbereitung zu vermeiden. Alles Wichtige erledigt er schon am Vortag, um externe Stressoren so weit wie möglich auszuschalten. Vor dem Wettkampf selbst spürt er einige Stresssymptome wie Nervosität, Aufgeregtheit, Kribbeln im Bauch, Schlappheit bis hin zu Unwohlsein. Er hat gelernt, damit umzugehen, und seine eigene Technik entwickelt: „Um vor dem Kampf nicht allzu nervös zu sein, denke ich immer an schöne Erlebnisse oder Situationen, wo ich ruhig und entspannt war. Ein Ruhebild für mich ist zum Beispiel mein Wohnzimmer, in dem ich mit meinen beiden Kindern spiele. Damit kann ich meine Nervosität sehr gut regulieren." Das Ruhebild und eine Selbstinstruktion hilft Dimitri auf Kommando locker zu bleiben. „Wenn ich der Wettkampfmatte näher komme, um in den Kampf zu gehen, spüre ich auch das Adrenalin in mir. Wie in einem Tunnel betrete ich dann die Matte und konzentriere mich nur auf den Gegner – auf das, was ich will, kann und was ich machen werde."

Die Vorbereitung Dimitris auf die Olympischen Spiele in London begann ab dem Moment, als die Qualifikation feststand. „Ich habe mich auf mein Ziel vorbereitet. Jedes Training stellt einen Baustein in meinem Trainingsplan dar. Das hat mich immer wieder motiviert." Auch das Umfeld leistet in dieser Phase ein große Unterstützung: „Zur mentalen Vorbereitung gehören Menschen in meiner Nähe, denen ich vertraue. So zum Beispiel meinem Trainer, der an mich und mein Können glaubt. Ich weiß, er steht hinter mir, egal, was passiert und wie ich kämpfe."

Zur mentalen Vorbereitung gehört auch, sich über Stress und die körperlichen Reaktionen Gedanken zu machen. „Selbstgespräche mit motivierenden Sätzen probiere ich immer wieder aus. Ich wende sie an, wenn ich merke, dass sie mir helfen.“ Außerdem hilft es ihm, so Dimitri, sich mit dem Wettkampfdruck auseinanderzusetzen: Nachdenken. Reflektieren. Aufschreiben. „Dann wird alles viel klarer, was wirklich wichtig ist. Im Nachhinein muss ich sagen, es hat mir sehr gutgetan.“

Stress schlägt nicht nur auf die Psyche

Nach Angaben von Krankenkassen leiden mehr als die Hälfte der Beschäftigten unter typischen Symptomen von Stress: Das sind zum Beispiel Schlafstörungen, depressive Verstimmungen, Nervosität und Konzentrationsstörungen. Viele Betroffene nehmen solche Symptome am Anfang nicht ernst und schieben das auf etwas anderes. Doch wer die ersten Anzeigen ignoriert, rutscht schnell in eine Teufelsspirale, die den Körper erfasst und das Immunsystem schwächt. Die Folge sind nicht nur eine höhere Anfälligkeit für Erkältungen, sondern auch Herz-Kreislauf-Erkrankungen, chronische Erkrankungen und Gewebeneubildung (Krebs). Die Psyche hat einen starken Einfluss auf die Verwendung unserer Gene. Stress verändert die Gene sogar. In Untersuchungen wurde nachgewiesen, dass bei Kindern, deren Mütter während der Schwangerschaft misshandelt wurden, Veränderungen an der DNA stattgefunden haben. Es entstand ein neues Muster, das zu überempfindlichen Stressreaktionen führte. Sie sollten Stress besser nicht auf die leichte Schulter nehmen. Die Auswirkungen von Dauerstress auf den Körper sind zwar schleichend, dennoch können sie lebensgefährliche Folgen haben.

Unternehmen setzen Mitarbeiter und Führungskräfte immer mehr Stresssituationen aus, ohne sie darauf vorzubereiten. Stattdessen erwarten sie, dass sich jeder selbst darum kümmert.

Hier kann Ihnen der Shortcut „Entstressen“ große Dienste erweisen. Die Technik hilft Ihnen, Herausforderungen entspannt zu begegnen und handlungsfähig zu bleiben. Sie steigern Ihr geistiges Durchhaltevermögen und werden leistungsfähiger durch beschleunigte mentale Regeneration.

Der Umgang mit Stress ist erlernbar

Stress hat viel mit Selbsteinschätzung zu tun. Deshalb zeige ich Ihnen zwei simple Modelle, damit Sie sich und Ihre Situation erkennen können. Sie sehen, was bei Stress abläuft. Daraus können Sie Lösungen ableiten und herausfinden, wie Sie sich am besten selbst regulieren.

Individuelle Stresstoleranz

Warum wird eine Belastung von Menschen ganz unterschiedlichen verarbeitet? Der Grund liegt in der Tatsache, dass jeder Mensch über eine individuelle Toleranzgrenze und andere Grundbelastungen verfügt. Dieses Modell zeigt, wie die Grundbelastung als Einflussfaktor auf die Toleranzgrenze wirkt.
Die Toleranzgrenze beschreibt das Limit, das ein Mensch an Stress ertragen kann. Dieses hängt stark von emotionaler Kompetenz, Bildung, Erziehung, sozialem Umfeld und der Tagesform ab. Die aktuelle Grundbelastung kann die Toleranzgrenze nach unten drücken. Ein Mensch mit privaten Problemen ist nicht mehr so belastbar. Zu den Grundbelastungen zählen beispielsweise das familiäre Umfeld, Erkrankung, Pflegefall, Scheidung, Schulden usw.

Toleranzgrenze

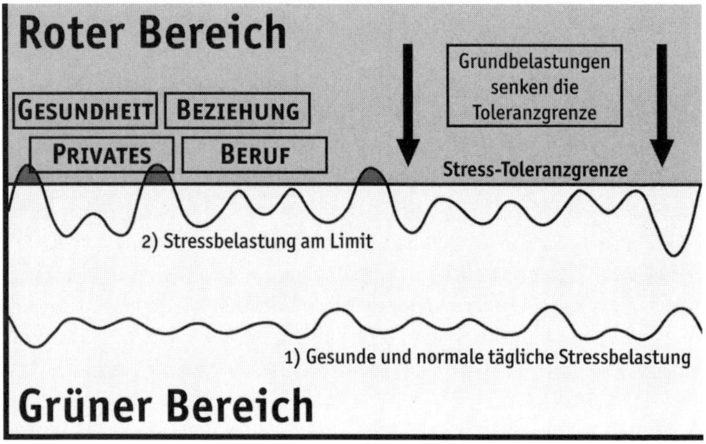

Kurve 1: Eine gesunde Belastung bleibt auch in Belastungsphasen im grünen Bereich und wechselt sich mit Entspannungsphasen ab.
Kurve 2: Beruflich engagierte Chefs und Führungskräfte arbeiten oft am Limit der Belastungsfähigkeit. Dabei merken sie nicht, wie sich die Reserven der Jugend aufbrauchen. Im Alter zwischen 40 und 50 Jahren kommt es daher bei vielen zu einem mehr oder weniger großen Exodus. Herzinfarkt, Schlaganfall oder auf der seelischen Ebene das Burn-out.

Hält sich ein Mensch viel in diesem Bereich von Überforderung auf, hat das Folgen für Körper, Geist und Herz. Ein Zuviel an Leistung schadet der Gesundheit. Läuft der Motor Mensch auf Dauer ohne ausreichende Erholungsphasen auf Hochtouren, greift er seine Not-Leistungsreserven an. Er ist nicht mehr fähig, abzuschalten, um sich zu regenerieren.

Mentalcheck: Externe Stressoren

Externe Stressoren sind Belastungen aus der Umwelt und drücken die Toleranzgrenze nach unten. Diese können sein:

- ☐ Lärm
- ☐ Hoher Arbeitsumfang
- ☐ Mobbing
- ☐ Vorgegebener Termindruck
- ☐ Beziehungsprobleme, Trennung
- ☐ Überlastung in Haushalt und Familie
- ☐ Finanzielle Probleme
- ☐ Erkrankung Angehöriger, Pflegefälle
- ☐ Schicksalsschläge, Unfälle

Fragen Sie sich:

- ☐ Was stresst mich?
- ☐ Was belastet mich?
- ☐ Wie kann ich die Situation lösen?

Um den Einfluss von externen Stressoren zu vermindern, müssen Bedingungen verändert werden. Hier bieten sich Gespräche mit den Beteiligten an, um Lösungen zu entwickeln. Manche Stressoren sind ohnehin zeitlich befristet. Unter Umständen hilft nichts anderes, als das Thema durchzustehen. Doch wenn es Sie zu sehr bedrückt, suchen Sie auf alle Fälle das Gespräch mit anderen. Scheuen Sie sich auch nicht vor professioneller Unterstützung. Heute stehen Berater und Coaches für alle Lebenslagen und Anforderungen zur Verfügung. Diese verfügen über die Erfahrung, die Ihnen in diesem Moment fehlt. Mit professionellem Rat sparen Sie den Verlust von Zeit und Geld sowie langwieriges Leid. Beispielsweise ein Zeitmanagement-Experte kann Ihnen und Ihrem Team die richtigen Techniken vermitteln, damit Arbeitsabläufe und Kommunikation reibungsloser ablaufen. Sie werden erstaunt sein, wie leicht Sie Fristen und Termine einhalten und doch noch entspannt arbeiten können.

In jedem Falle identifizieren Sie externe Belastungen und reduzieren Sie diese.

Robert Yerkes und John D. Dodson beschrieben schon 1908 im Aktivationsmodell die Leistungsfähigkeit in Abhängigkeit vom Stress-Niveau. Das Gesetz basiert ursprünglich auf Experimenten mit Labormäusen und wurde mittlerweile auch beim Menschen nachgewiesen, zum Beispiel bei Jet-Piloten der US Airforce.

Das Yerkes-Dodson Gesetz

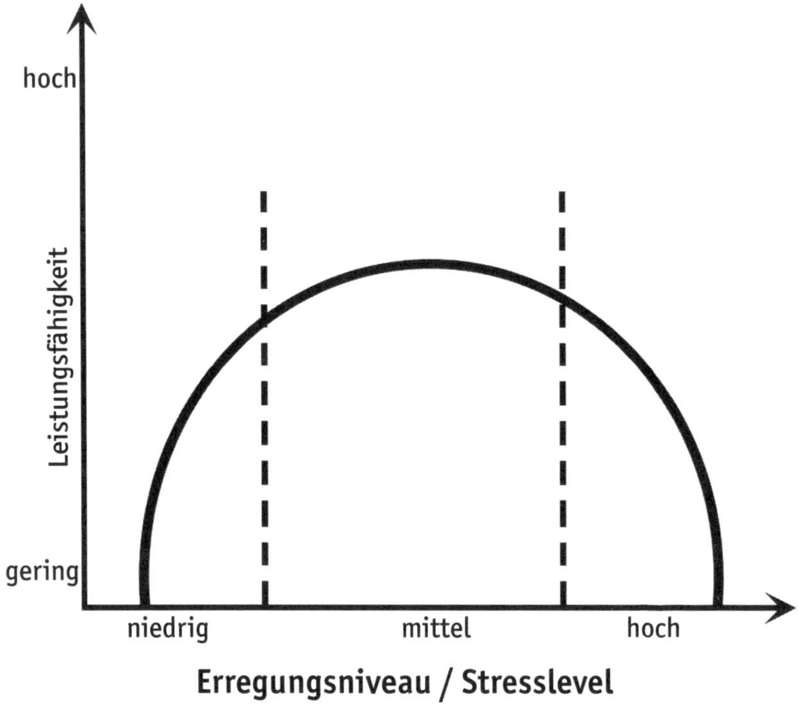

Die Leistungsfähigkeit hängt vom Stresspegel ab und stellt eine umgekehrte U-Kurve dar. Bei Unterforderung bleibt der Mensch unter seinen Möglichkeiten. In der Leistungsphase bei mittlerem Stresspegel erreicht die Leistungsfähigkeit den Höhepunkt. Erhöht sich der Stresspegel darüber hinaus, sinkt die Leistung nicht nur, sondern bricht komplett ein.

Die Leistungsphase

Die bereits beschriebenen Shortcuts „Lebensfreude" und „Flow" erzeugen genau diese Phase der mittleren Aktivierung. Außerdem senken die Tanz- und Spring-Bewegungen die Stressanfälligkeit. Deshalb ist es so wertvoll, sich auf diese Weise aktivieren zu können.
Ein Ereignis oder eine Bedrohung können den Stresspegel über den optimalen Punkt hinaus ansteigen lassen. Die mentale Leistungsfähigkeit sinkt in den Keller, die Muskeln verkrampfen. Das Blickfeld engt sich tunnelförmig ein, und Ressourcen können nicht mehr abgerufen werden. Ein besonders starker Stressor kann eine totale Blockade auslösen und zur Handlungsunfähigkeit führen.
Stress bereitet den Mensch bei Gefahr auf körperliche Höchstleistung vor, die sich sofort in Angriff oder Flucht umsetzen lässt. Der Stress im Beruf oder Privatleben entsteht in der Regel aus vorgestellten Ängsten. Er löst dieselben biochemischen Reaktionen im Körper aus, obgleich die Situation keine körperliche Aktion erfordert. Jegliche Art von Angriff oder Flucht wäre sogar unangemessen. Die ausgeschütteten Stresshormone und die aktivierte Energie können nicht körperlich entladen werden. Sie stauen sich auf.
Die Zukunft eines Menschen hängt entscheidend davon ab, wie gut er sich in seiner Leistungszone halten kann. Der Shortcut „Entstressen" unterstützt Sie, die Auswirkungen von Stress sofort zu regulieren. Ziel des Shortcuts „Entstressen" sind Ressourcenerhaltung und die Verbesserung Ihrer Stressresilienz. Diese Technik dämpft die Stressreaktionen bzw. lässt sie erst gar nicht entstehen.

Mentalcheck: Innere Stressoren

Welche Energieräuber blockieren Sie? Schauen Sie gern nochmal auf die Liste der Mentalblockaden auf den Seiten 30/31.
Stress entsteht in der Regel durch gewohnheitsmäßiges Reagieren auf bestimmte Reize. Das heißt, Stresssituationen sind nicht einmalig, sondern wiederkehrend. Stress resultiert aus der Angst, etwas nicht zu schaffen – nicht in der gewünschten Zeit fertig zu werden. Oder aus der Angst zu versagen – nicht den Erwartungen zu entsprechen. Stress löst eine körperliche Reaktion aus und schwächt die Leistungsfähigkeit. Eine paradoxe Situation entsteht. Wir wollen es besser machen, verschlechtern die Lage jedoch mit unserem eigenen Denken.
Bleiben Sie daher ruhig und gehen Sie gelassen sowie professionell mit Stress um. Die beiden Shortcuts „Ent-Sorgen" und „Reframing" leisten Ihnen dabei gute Hilfe. Schalten Sie die inneren Stressoren einfach mit den beiden Shortcuts aus. Das ist schon der erste Schritt zum perfekten Entstressen.

Der folgende Shortcut „Entstressen“ hilft Ihnen, Stress jederzeit in den Griff zu bekommen. Das Verfahren besteht aus einer Kombination von Bauchatmung, progressiver Muskelrelaxation, Gedankenlenkung und Visualisierung. Diese Technik-Kombination ist für jeden – auch für den Ungeübten – leicht und schnell zu erlernen. Durch den Shortcut sprechen Sie systematisch das Atmungssystem, die Muskeln, den Kreislauf und das Gehirn, den ganzen physischen Körper an. Sie entspannen, erreichen ein physisches, mentales und emotionales Gleichgewicht und behalten die Selbstkontrolle in stressigen Situationen.
Ein wesentlicher Teil der Übung besteht im tiefen Atmen. Atmen Sie durch. Die gezielten Atemübungen helfen Ihnen, Spannungen zu lösen und aufgestaute Stressenergie abzubauen. Der alltägliche Stress macht unsere Atmung unvollständig, oberflächlich, abgehackt und hastig. Bei akutem Stress halten manche den Atem sogar ganz an. Die folgende Minderversorgung von Sauerstoff verstärkt die Stressreaktion. Das A und O, um Stress abzubauen, ist daher eine ruhige und vollständige Atmung. Diese werden wir gleich üben, denn Atem ist Leben.

Übungsvorbereitung

Schotten Sie sich für das Erlernen dieser Übung ab und lassen Sie keine Störungen zu. Führen Sie die Übung in einem gut gelüfteten Raum und angenehmer Ambiente aus. Hier sollten Sie auch für zirka zehn Minuten völlig ungestört sein und sich ganz auf die Entspannung konzentrieren können. Legen Sie sich mit dem Rücken auf eine Matte oder eine Decke. Viele empfinden es als bequem, ein kleines Kissen unter dem Kopf und eine Rolle in die Kniekehlen zu legen. Die Rolle bewirkt, dass der Oberschenkel leicht gehoben wird, der Rücken besser auf dem Boden aufliegt und Sie somit besser entspannen können. Wenn Sie möchten, legen Sie eine entspannende Musik auf. Achten Sie darauf, langsam, tief, leise und leicht zu atmen.
Am Ende der Übung benötigen Sie ein Codewort und eine prägnante Bewegung. Als Codewort eignet sich beispielweise „bleib cool“, „locker bleiben“ oder „easy“. Eine Bewegung kann ein tiefer Atemzug in Verbindung mit einem Lächeln oder ein Fingerschnipsen sein. Damit können Sie den Shortcut über diese zwei Anker abrufen.
Lesen Sie die ganze Übung von Schritt 1 bis 6 einmal durch. Dann erst führen Sie die einzelnen Schritte aus.

Praxisanleitung zum Entstressen

1. Schritt: Ort der Entspannung

Frei von allen Stressoren, alle sind „ent-Sorgt“. Machen Sie es sich bequem, schließen Sie die Augen und entspannen Sie sich. Atmen Sie alles Störende aus. Atmen Sie tief und regelmäßig. Gehen Sie gedanklich an einen Ort der Entspannung. Einen friedlichen Ort, wo Sie gerne sind. Hier fühlen Sie sich sicher und behütet. Sehen Sie diesen Ort vor Ihrem geistigen Auge: eine beruhigende Landschaft, einen Sonnenuntergang, Strand, Berge, Wolken – etwas, was Sie total entspannt. Es ist bequem, angenehm und ruhig. Sie sehen das Bild immer deutlicher vor Ihrem geistigen Auge. Sie sind jetzt an diesem Ort angekommen. Sie sehen die Details in der Umgebung, Sie hören die Geräusche der Natur, riechen die Düfte, Sie spüren die sanfte Brise des Windes und die Sonnenstrahlen auf Ihrer Haut. Nehmen Sie die Situation mit allen Sinnen wahr. Alles ist wunderbar. Sie sind ganz in Ihrem Ort der Entspannung.

2. Schritt: Muskeln anspannen

Spannen Sie Ihren gesamten Körper an – Hände, Arme, Schultern, Bauch, Po, Füße, Unterschenkel, Oberschenkel – und halten Sie diese Spannung zirka zehn Sekunden. Nehmen Sie die Spannung intensiv wahr und atmen Sie dabei unbedingt weiter. Dann lassen Sie gleichzeitig alle Muskeln locker und spüren die Schwere. Es ist, als ob Sie in Ihrer Matte versinken. Dabei sagen Sie sich in Gedanken: „Ich bin gelöst und entspannt.“ Wiederholen Sie die Anspannung und Entspannung noch zweimal und steigern Sie die Intensität des Empfindens.

3. Schritt: Ausatmen

Als Erstes geht es um das Ausatmen, das langsam und ruhig verlaufen sollte, um die Lunge vollständig zu leeren und Platz für die frische Luft zu schaffen. Die Brust senkt sich, die Bauchmuskulatur hilft, verbrauchte Luft aus der Lunge zu pressen. Ziehen Sie den Bauch ein. Bei leerer Lunge reicht das Zwerchfell wie ein Kolben hoch in den Brustkorb, die Muskeln befinden sich in Ruhestellung.

4. Schritt: Tief einatmen.

Die normale Atmung umfasst drei Arten: die Bauchatmung bzw. Zwerchfellatmung, die Brustkorbatmung und die Schlüsselbeinatmung. Wichtig ist, dass Sie immer etwas länger aus- als einatmen.

□ Bei der Bauchatmung (untere Atmung) senkt sich beim Einatmen das Zwerchfell, der Bauch wölbt sich nach außen, die Lungenbasis füllt sich mit Luft. Das rhythmische Absinken des Zwerchfells erzeugt eine sanfte und konstante Massage der Bauchorgane. Die Blutzirkulation wird allgemein verbessert. Es ist die optimalste Atmungsart. Beim Einatmen bläht sich der Bauch, das Zwerchfell senkt sich, Luft strömt in die Lunge. Der Brustkorb sollte sich noch nicht heben! Die zu flache Brustatmung lässt die eingeatmete Luft lediglich in den mittleren und oberen Teil der Lunge strömen. Die unteren Lungenlappen erhalten keine Frischluft, obgleich an dieser Stelle viel mehr Blut vorhanden ist, das darauf wartet, mit Sauerstoff beladen zu werden.

- Bei der Brustkorbatmung (mittlere Atmung) wird der Brustkasten mit den Rippen gedehnt, der mittlere Bereich der Lunge wird gefüllt. Bei maximaler Spreizung der Rippen folgt zum Schluss die Schlüsselbeinatmung durch Anheben der Schlüsselbeine.

- Bei der Schlüsselbeinatmung (obere Atmung) wird durch das Anheben der Schlüsselbeinpartie Luft eingezogen, wobei die obere Lungenpartie Luft erhält.

Die ideale Atmung sollte die drei oben beschriebenen Phasen harmonisch aneinanderfügen. Genau dies leistet die vollständige Yogi-Atmung, indem sie in einem einzigen Atmungsprozess die verschiedenen Teilaspekte vereint. Die Lunge wird vollständig mit frischer Luft gefüllt.

Atmen Sie anschließend in der umgekehrten Reihenfolge der Einatmung aus. Achten Sie darauf, langsam und bewusst auszuatmen. Das Ausatmen sollte ungefähr doppelt so lang dauern wie das Einatmen.

Der Moment höchster Entspannung: Die Atempause

Vor dem erneuten Einatmen machen Sie eine kleine Atempause. Das ist kein erzwungener Atemstillstand, sondern eine wirkliche Pause. In der ist die Fähigkeit zu entspannen am größten. Versuchen Sie diesen Moment tief zu erfahren. Sie haben ausgeatmet und entspannen sich total – bevor Sie von alleine ruhig und leise wieder einatmen.

5. Schritt: Entspannen

Alle Muskeln sind ganz locker. Spüren Sie in Ihren Körper. Sie sind ganz entspannt. Sie fühlen sich schwer, so, als ob Sie in den Boden einsinken. Ein guter Indikator für Ihre Entspannung ist, wenn speziell Ihre Kiefermuskulatur locker ist. Ihr Kinn und Unterkiefer fallen dann locker nach unten. Die Unterlippe hängt locker. Achten Sie darauf.

6. Schritt: Selbstinstruktion

Unterstützen Sie die Entspannung durch gezielte Instruktionen mittels eines inneren Gesprächs. Sagen Sie sich die folgenden Sätze:

☐ Ich bin am Ort der Entspannung.
☐ Ich bin ruhig und entspannt.
☐ Ich atme tief in den Bauch ein und langsam wieder aus.
☐ Ich genieße meine Atempause.

Wiederholen Sie die Selbstinstruktion mindestens fünfmal mit tiefem Atem, bevor Sie die Übung beenden.

Ausleitung aus der Entspannung

Im Moment der stärksten Entspannung sagen Sie sich Ihr Codewort und machen dazu Ihre prägnante Bewegung. Sie sind ruhig, entspannt, eben entstresst. Strecken Sie die Arme über den Kopf, öffnen die Augen. Stehen Sie auf. Indem Sie Ihr Codewort aussprechen und die Bewegung ausführen, verankern Sie den Zustand. Nach einigen Wiederholungen versetzen Sie sich mit dem Anker an den Ruheort und können den entspannten Zustand sofort abzurufen. Üben Sie diesen Shortcut täglich, um ihn zu verinnerlichen. Nehmen Sie sich die Zeit für sich.
Das Ergebnis ist den Aufwand wirklich wert. Ihr Ziel sollte sein, die Zeit des Entspannens zu verkürzen, das Anspannen wegzulassen und die Technik allein durch die Gedankenlenkung und Atmung zu beherrschen. Planen Sie täglich feste Zeiten ein. Ein günstiger Zeitpunkt ist abends vor dem Einschlafen.

Zusatzaufgabe

Beherrschen Sie die Übung zu Hause, können Sie auch unter erschwerten Bedingungen üben. Suchen Sie sich extreme Belastungssituation an hektischen Orten: U-Bahnhöfe zur Rushhour, ein öffentliches Verkehrsmittel usw. Üben Sie so lange, bis Sie sich auch an diesen Orten mühelos und blitzartig entspannen können. Sie werden sehen, wie gut sich das anfühlt, wenn Sie es draufhaben.

Transfer in den Berufsalltag

Der Shortcut „Entstressen" eignet sich ideal für den beruflichen Alltag. Mit dieser Technik regulieren Sie Stressoren und können an jedem Ort der Welt entspannen. Bereiten Sie sich mit der folgenden Vorstellungsübung darauf vor.
Stellen Sie sich eine persönlich stressige Situation vor. Beispielsweise einen Streit, Ärger oder Enttäuschung. Wenn Sie den Zustand intensiv empfinden, rufen Sie den Shortcut „Entstressen" ab.
Atmen Sie tief und leise. Wenn Ihnen die Muskelanspannung noch helfen sollte, empfehle ich Ihnen Folgendes: Ballen Sie die Fäuste in der Hosentasche und spannen Sie gleichzeitig beide Beine für einen kurzen Moment an. Sofort wieder locker

lassen. Nehmen Sie die Entspannung bewusst wahr. Rufen Sie Ihr Codewort und die Körperbewegung ab. Atmen Sie weiter – ganz bewusst – und konzentrieren Sie sich auf die Entspannung. Lassen Sie alles, was Sie stresst, abfließen. Lächeln Sie Ihren Gesprächspartnern an. Wiederholen Sie die Vorstellung insgesamt dreimal in Ihrer Vorstellung.
Mit dieser Technik entstressen Sie sich blitzartig. Sie bleiben ruhig in überhitzten Momenten. Die Herausforderung besteht nicht im Üben der Entspannung, sondern sie unter Druck abrufen zukönnen. Um eben auch bei unvorhergesehenen Ereignissen ruhig zu bleiben und die Kontrolle zu behalten. Sie regulieren sich im Moment einer empfundenen Überforderung und verhindern, dass Stressreaktionen Sie blockieren. Leistungssituationen erfordern optimistisches und begeistertes Handeln. Je besser Sie Stress regulieren können, desto besser wird die Leistung. Sie konzentrieren sich auf Ihre Aufgabe. Dann wird das Ergebnis automatisch das Beste, zu dem Sie an diesem Tag – ganz souverän – imstande sind.

Fazit

Zugegeben: Der Shortcut „Entstressen" ist komplex, jedoch unsagbar wertvoll und effektiv. Wer die Kunst der Entspannung beherrscht, bleibt in vielen hektischen Situationen sicher. Beim Autofahren im Stau, bei Streitgesprächen genauso wie beim Führen von Verhandlungen. Verspannung oder Verkrampfung entstehen erst gar nicht. Man ist Herr seiner selbst und gleichzeitig Herr der Lage. Das beugt auch einem möglichen Burn-out vor.
Diese Technik eignet sich zudem zur schnelleren Regeneration nach Belastungen. Entspannungsverfahren wie dieser Shortcut beeinflussen vegetative Prozesse wie Herzschlag und Hormonausschüttung. Das verringert die Ausschüttung des im Blut messbaren nervenschädigenden Stresshormons Cortisol. Indem Sie sich auf die Atmung konzentrieren und Ihren inneren Dialog steuern, können Stressoren keine heftigen körperlichen oder emotionalen Reaktionen verursachen. Blockierende Gefühle können innerlich nicht hochkochen, Lockerheit und Leistungsfähigkeit bleiben erhalten.

Kurzformel

Ort der Entspannung suchen
Muskeln anspannen
Ausatmen
Tief einatmen – über die Bauch-, die Brustkorb- und die Schlüsselbeinatmung
Entspannen: Alle Muskeln ganz locker, speziell die Kiefermuskulatur!
Selbstinstruktion und Codewort

Kerngedanken

Stress schwächt das Immunsystem.
Der Umgang mit Stress ist erlernbar.
Die Stresstoleranz wird durch Grundbelastungen gesenkt.
Bei mittlerem Stresspegel erreicht die Leistungsfähigkeit den Höhepunkt.
Entstressen und auf Kommando locker bleiben.
Atmen ist Leben.

„In jeder Minute, die man mit Ärger verbringt,
versäumt man sechzig glückliche Sekunden."
William Sommerset Maugham (1874–1965)

„Fehler entstehen durch Hast -
deshalb tue niemals etwas in Unruhe."
Chinesische Weisheit

„Lieber Gott, gib mir Geduld, und zwar sofort."
OREN ARNOLD

„Ist man in kleinen Dingen nicht geduldig,
bringt man die großen Vorhaben zum Scheitern."
KONFUZIUS (551–497 V. CHR.)

12. Geduld

Sich Zeit nehmen, um souveräner zu sein

Ungeduld kann das Leben kosten

Meine erste große Lektion in Sachen Ungeduld erhielt ich 1989 bei einem Gleitschirmkurs, der nicht stattfand. Den Anfängerkurs hatte ich gerade mit Bravour abgeschlossen und glaubte der geborene Pilot zu sein. Ich strotze nicht nur vor Selbstbewusstsein, mein Ego war übermächtig. So schnell wie möglich wollte ich den nächsten Kurs belegen, um die Pilotenlizenz in diesem Sport zu erhalten. Ich war extra von Köln nach Oberstdorf gereist, um den Traum von Ikarus zu leben. Vor Ort teilte man mir mit, der Kurs sei wegen zu geringer Teilnehmerzahl abgesagt worden. Das sollte mich nicht abhalten. Voller Energie und mit dem eigenen Schirm im Gepäck ging ich zur Nebelhornbahn. Dort sah ich ein paar Kollegen mit Gleitschirmrucksäcken und schloss mich ihnen an. Die Bahn brachte uns ins hochalpine Gelände. Dieser Bereich war für meine geringe Erfahrung und meine Scheinberechtigung tabu. Doch der Reiz des Verbotenen hielt mich nicht ab. Im Gegenteil. Ich informierte mich bei den anderen Piloten. Beobachtete ihre Starts und startete dann selbst. Das Bergpanorama verbunden mit dem Hochgefühl des Fliegens überwältigte mich. Ich kreiste und schaute mir ein paar Highlights von oben an. Auf einmal merkte ich, dass die Kollegen kaum noch zu sehen waren, und machte mich auf, auch langsam Richtung Landeplatz zu fliegen. Was ich nicht bemerkte, war, dass ich schon einiges an Höhe verloren hatte. Ich steuerte weiter auf meinem Kurs Richtung Landeplatz. Nur blöd, dass auf dem Weg dahin noch eine bewaldete Bergkuppe lag. Mit meiner naiven Anfängermentalität dachte ich: „Das schaffe ich schon." Im Fortgeschrittenenkurs hätte ich gelernt, an einer sol-

chen Stelle kehrtzumachen und vor dem Wald zu landen. Grund dafür ist der Rotor, der sich bei Wind über einer solchen Stelle bildet und den Gleitschirm nach unten drückt. Genau so kam es. Eine Bruchlandung mitten im Wald. Ich blieb heil. Der Gleitschirm musste in die Klinik und genäht werden.
Was hatte ich für ein Glück. Meine Ungeduld hätte mich fast mein Leben gekostet. An dieser Stelle hätte ich mit der geringen Erfahrung nie fliegen dürfen. Ich konnte die Gefahren noch nicht abschätzen. Dieses Erlebnis hat mich eine Menge für mein Leben gelehrt.
Geduld bezeichnet die Fähigkeit zu warten. Jemand gilt als geduldig, wenn er Schwierigkeiten mit Gelassenheit und Standhaftigkeit bewältigt. Geduld soll in diesem Shortcut nicht verstanden werden als Ausdauer, Durchhaltevermögen oder Kondition. Sondern als innere Einstellung, sich selbst und andere nicht unter Druck zu setzen.
Oft gilt Geduld als eine Tugend, die sich in Sprichwörtern wiederfindet, etwa: „In der Ruhe liegt die Kraft“, „Eile mit Weile“, „Gut Ding braucht Weile“. Die Grundaussage dieser Weisheiten beschreibt ein fast vergessenes Erfolgsprinzip: Für den Erfolg einer Sache benötigt es ausreichend Zeit.
Dieser Gedanke mag in unserer immer schneller getakteten Zeit unpassend erscheinen. Die Ungeduld, als Gegenteil der Geduld, ist eine Nebenwirkung des beschleunigten Lebensstils. Zeit, Muße und regenerierende Ruhe für eine nachhaltige Entwicklung sind ein knappes Gut. Ermüdung, Erschöpfung und Burn-out die Folge. Schwer vorstellbar in einer Zeit, in der sich das Leben immer schneller dreht. Doch wie in einer Zentrifuge rotiert der Mensch. Mit zunehmender Geschwindigkeit erhöht sich die Zentrifugalkraft und wir entfernen uns immer mehr von unserem eigenen Zentrum. Von uns selbst entfernt, verlieren wir den Kontakt zu den anderen und können nicht mehr wirklich am Leben teilhaben.
Beim Geduldigsein gilt es zwischen drei Formen zu unterscheiden: einer akuten Situation, Aufschieberitis und dem aktiven Bemühen in einer Sache.

- In einer Notsituation, beispielsweise wenn ein Fallschirm nicht aufgeht, kann Geduld tödliche Folgen haben. In einem solchen Moment muss der Pilot sofort reflexartig den Notschirm auslösen.

- Bei jemandem, der Dinge gerne auf die lange Bank schiebt, ist Geduld auch nicht angebracht. Geduld wäre eine Einladung, sie noch weiter vor sich herzuschieben. Hier gilt viel mehr der Leitspruch: „Was du heute kannst besorgen, das verschiebe nicht auf morgen.“ Ein Wink mit dem Zaunpfahl oder ein Tritt in den Allerwertesten stellen bei Aufschieberitis die zielführende Methode dar.

- Wenn sich dagegen jemand sichtlich in einer Sache bemüht, ist Geduld die erste Wahl. Denn er benötigt Zeit, um sich zu verändern. Vergleichbar mit dem Reifeprozess, den ein guter Wein benötigt, braucht auch ein Mensch Zeit, um zu reifen. Der größte Fehler in diesem Moment wäre, ungeduldig mit sich selbst und anderen zu sein. Denn: Entwicklung braucht Zeit, wie wir gleich noch an einem Modell sehen werden.

Ungeduld aktiviert Hormone und mehr

Mit Geduld lässt sich der Puls und der Adrenalinspiegel kontrollieren. Der Pferdeflüsterer Monty Roberts beschreibt diesen Prozess bei seiner Arbeit mit Pferden. „Die nervenaufreibende Situation mit einem Pferd veranlasst mich, meinen Pulsschlag zu verlangsamen und mich zu bewegen, als sei alles in bester Ordnung. Dadurch vermittle ich dem Pferd die sehr wichtige Botschaft, dass es keinen Grund zur Beunruhigung hat. Denn bevor ein Angreifer seine Beute attackieren kann, muss sich erst sein Herzschlag erhöhen, um den Körper auf den Sprung vorzubereiten. Indem ich meinen Pulsschlag verlangsame, mache ich klar, dass ich kein Angreifer bin. Pferde werden von der Veränderung der Körpersprache alarmiert, zum Beispiel von ansteigender Pulsfrequenz oder einer Veränderung des Geruchs." Die Erfahrung von Monty Roberts lassen sich auf den Menschen eins zu eins übertragen.

Mittlerweile werden Coachings mit Pferden für Führungskräfte angeboten. Die Tiere reagieren sensibel und geben eine sofortige Rückmeldung auf die innere Einstellung des Teilnehmers.

Macher sind ungeduldig

Die positive Seite der Ungeduld hilft, Aufgaben sofort zu erledigen. Chefs und Führungskräfte treiben sich damit selbst an. Weil es bei ihnen wirkt, erliegen sie dem Trugschluss, es sei auch gut für ihre Mitarbeiter. Doch in aller Regel geschieht genau das Gegenteil. Mitarbeiter reagieren auf die Ungeduld ihres Chefs empfindlich. Sie fühlen sich eingeschüchtert, ängstlich und fürchten negative Konsequenzen. Das führt zu Blockaden und Fehlern. Ungeduld verlangsamt einen Prozess.

Hat ein Chef das Gefühl, dass eine Aufgabe nicht schnell genug erledigt wird, löst das einiges in ihm aus. Sein Puls und sein Adrenalinpegel steigen. Im Bauch entsteht vielleicht sogar Wut. Die Ungeduld der Führungskraft überträgt sich und erzeugt Stress beim Mitarbeiter. Dabei wirkt auch die Körpersprache. Mitarbeiter merken schon am Tonfall, ob ihr Vorgesetzter ungeduldig ist. Das ständige Auf-die-Uhr-Schauen, das Tippen mit den Fingern oder Fußballen. Die Stimmung sinkt weiter.

Erfahrene Chefs wissen, es geht auch nicht schneller, wenn sie ungeduldig sind. Mit Gelassenheit und bedachtem Vorgehen lässt sich mehr erreichen als mit Druck und Drohung. Deshalb sollte ein Chef seinen Adrenalinspiegel gezielt regulieren können. Ein hoher Adrenalinspiegel bedeutet ein langsameres Entwicklungstempo und geringeren Erfolg. Ungeduld verunsichert uns Menschen. Wir nehmen uns selbst als unfähig wahr. Das führt zu einem negativen Erlebnis bis hin zum Versagen. Wer einmal versagt hat, wird eine Aufgabe beim nächsten Mal meiden. So kann Ungeduld schnell zu einem Misserfolgserlebnis führen, das einen Menschen für die Zukunft blockiert, weil er sich eine Aufgabe nicht mehr zutraut. Bei aller Ungeduld und allem Zeitdruck sollten Chefs diese Folgen immer im Hinterkopf behalten. Denn nur wer seinem Team die nötige Zeit gibt, kann es auch aufbauen. Geduld ist notwendig, um sich auf ein Vorhaben zu konzentrieren und einer erfolgreichen Entwicklung Zeit zu geben.

Lernen und Entwicklung verlaufen sprunghaft

Der Aikido-Meister und Philosoph George Burr Leonhard (1923–2010) hat beim Lernen folgendes Phänomen beobachtet: Menschen lernen in Sprüngen und mit Rückschritten. Die Entwicklungskurve läuft nicht linear und das Ergebnis steigt nicht gleichmäßig mit dem Einsatz an. Nach einer gewissen Trainingszeit entsteht ein plötzlicher Sprung nach oben, danach fällt die Lernkurve wieder ein bisschen ab. Es entsteht ein erhöhtes Plateau, das für einige Zeit bestehen bleibt.

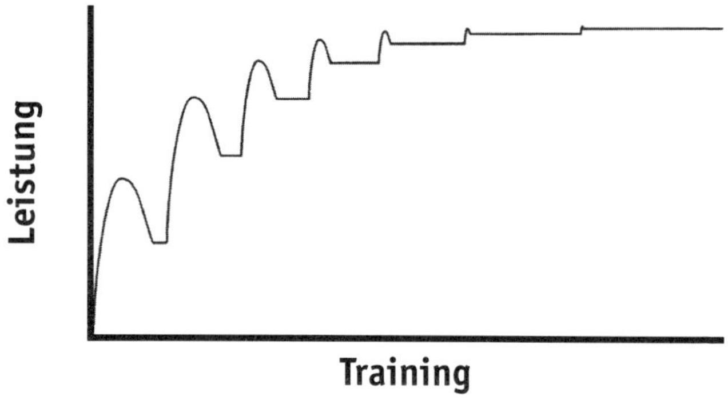

Die idealisierte realistische Leistungskurve

Ungeduldige nehmen ein Plateau schnell als Stagnation wahr. Das Plateau stellt eine wichtige Phase im Lernprozess dar. Körper und Geist benötigen Zeit zum Verschnaufen, damit sich das Gelernte festigen kann. Ein Automatismus entsteht. Was zuvor bewusst gesteuert wurde, geschieht dann reflexartig und unterbewusst. Hat sich dieser Zustand stabilisiert, kann ein Mensch auf die nächsthöhere Stufe schielen. Mit zunehmender Kompetenz werden die erzielten Fortschritte immer kleiner und die Plateauphasen länger. Bei dieser Darstellung handelt es sich um eine idealisierte Kurve, die das tatsächliche Geschehen beim Lernen sehr realistisch widerspiegelt. Im Leben und im Training wechseln sich Zeiten der Verbesserung mit Phasen der Stagnation und des Rückschritts ab. Wer mit der Natur lebt, kennt den Ablauf: Frühling, Sommer, Herbst und Winter. Ein steter Kreislauf. Sähen, pflegen, ernten und ruhen. Der Manager Berthold Beitz sagte dazu: „Man kann nicht heute Apfelbäume pflanzen und schon im nächsten Jahr die Früchte ernten." Dieses Modell führt zu zwei ganz grundlegenden Erkenntnissen. Der Rückschritt und jedes einzelne Entwicklungsplateau sind ein Teil des Lernprozesses. Scheitern gehört als wesentlicher Faktor zur persönlichen Entfaltung. Wer immer nur eine konstante Steigerung erwartet, wird enttäuscht. Eine weitere Erkenntnis leitet sich aus diesem Modell ab: Ein Mensch kann immer nur ein Plateau nach dem anderen erreichen. Jede Entwicklungsstufe baut auf der anderen auf. Erfolge kommen nicht über Nacht. Hinter jedem außergewöhnlichen Menschen steht eine Biografie voller intensiver Auseinandersetzungen und Geduld.

Tipp 1: Vermeiden Sie eine unrealistische Ziel- und Terminplanung.

Oft verleiten die ersten Erfolge zu Fehleinschätzungen. Durch den schnellen, ersten Fortschritt entstehen unrealistische Vorstellungen. Die Energie und die Zeit für die gesamte Umsetzung werden unterschätzt. Hier gilt dann das bekannte Sprichwort: „Hochmut kommt vor dem Fall." Bedenken Sie, dass andere und Sie selbst immer wieder Zeit zur Stabilisierung benötigen.

„Eilen hilft nicht viel. Zur rechten Zeit aufbrechen ist die Hauptsache."

JEAN DE LA FONTAINE (1621–1695)

Tipp 2: Reframing bei Ungeduld

Der australische Motivationsredner Nic Vuicic kam ohne Arme und Beine auf die Welt. Mittlerweile kennen ihn viele Menschen auf der ganzen Welt. Er reist überall hin, um mit seinen Vorträgen Mut zu machen. Dabei erlebt er häufig Terminschwierigkeiten, weil sich ein Flugzeug verspätet. In einem solchen Moment nutzt er gezielt die Technik des Reframings. Wenn er selbst ungeduldig auf einen Flieger warten muss, der sich wegen technischer Probleme verspätet, sagt er sich: Lieber warte ich am Boden auf ein intaktes Flugzeug, als in der Luft in einem kaputten zu sitzen.

Der Zeitmanagement-Experte Lothar Seiwert schreibt in seinem Buch „Bumerang-Prinzip“: „Unsere Ungeduld steigert sich ins Unendliche, wenn wir das Gefühl haben, unsere kostbare Zeit sei sinnlos vertan.“ Seiwert gibt den Tipp: „Wenn Sie sich der Situation nicht entziehen können – dann nutzen Sie sie für sich.“ Machen Sie also das Beste etwa aus geschenkter Wartezeit.

Mentalcheck

Wie gehen Sie bisher mit dem Thema Geduld um? Sind Sie ungeduldig? Wenn ja, in welchen Situationen? Schreiben Sie die Momente der Ungeduld auf und beantworten Sie die folgenden Fragen:
Bin ich mit mir oder anderen ungeduldig?

- ☐ Wie reagiere ich in Momenten der Ungeduld?
- ☐ Welche Gefühle entstehen in mir?
- ☐ Was geht mir durch den Kopf?

Praxisanleitung

1. Schritt: Unterscheiden Sie

Wägen Sie ab, um welche Situation es sich handelt: eine akute Notlage, Aufschieberitis oder eine Geduldsprobe. Worum geht es in dem Moment?
Ihr Handeln hängt von der Situation ab. Für eine Notlage oder einen Fall von Aufschieberitis eignet sich dieser mentale Shortcut nicht. Machen Sie nur weiter, wenn Sie grundsätzlich mehr Geduld als zielführende Fähigkeit benötigen.

„Geduld ist eine gute Eigenschaft. Aber nicht, wenn es um die Beseitigung von Missständen geht.“

MARGARET THATCHER

2. Schritt: Bewerten Sie die Situation

Denken Sie an Nic Vuicic und daran, wie er mit Reframing eine Situation bewertet. Seien Sie großzügig mit anderen und mit sich. Akzeptieren Sie, dass Menschen über unterschiedliche Fähigkeiten verfügen. Jeder versucht sein Bestes. Sollte sich Ihr Flieger verspäten, zeigen Sie Verständnis für die Dame am Schalter. Sie kann am wenigsten dafür.

3. Schritt: Zeitdruck rausnehmen

In China sagt man: „Ein Augenblick der Geduld kann vor großem Unheil bewahren, ein Augenblick der Ungeduld ein ganzes Leben zerstören.“ Um Stress und die hemmenden Folgen für den Körper zu vermeiden, muss jede Form von Zeitdruck vermieden werden. Das Gefühl unbegrenzter Zeit für eine Aufgabe zu haben, lässt Sie das beste Ergebnis erzielen. Druck in einem angespannten Moment erhöht die Anspannung noch weiter. Geben Sie sich selbst und anderen die nötige Zeit. Wenn Sie glauben, selbst schneller zu sein, richten Sie sich am Tempo des Gegenübers aus.

4. Schritt: Atmen Sie die den körperlichen Stress weg

Halten Sie gezielt Puls und Adrenalinspiegel durch Atemtechniken flach. Der Shortcut „Entstressen" mit der OMATES-Formel hilft Ihnen dabei. Entstressen lässt sich mit Geduld hervorragend kombinieren. Regulieren Sie sich dabei auch mit einer Selbstberuhigung: Sagen Sie sich zum Beispiel „Ganz ruhig" oder „Take it easy".

5. Schritt: Positive Verstärkung ist besser als Nörgeln

Wenn Sie in Interaktion mit jemandem ungeduldig werden, äußern Sie in diesem Moment keine Vorwürfe. Mit Kritik verschlimmern Sie die Situation. Sehen Sie das Gute in dem Moment und freuen Sie sich auch über kleine Fortschritte. Danken Sie dem anderen für sein Engagement und bestärken Sie ihn in seinem Tun. Halten Sie die Stimmung oben, damit der andere seine Arbeit optimal ausführen kann. So kommen Sie schneller zum Ziel.

Mein Tipp: Geduldsübung

Haben Sie mit sich selbst Geduld. Seien Sie zuversichtlich und ärgern Sie sich nicht, wenn es nicht sofort klappt. Fehlversuche auf dem Weg zum Ziel stellen ein Feedback dar. In ihnen steckt der Hinweis, es noch mal auf eine andere Art anzugehen. Auch ein Schritt zurück kann ein Schritt nach vorne bedeuten. Wenn es einmal nicht so läuft, wie Sie es sich wünschen, fragen Sie sich: Was hat gefehlt? Und arbeiten Sie daran.

Fazit

Durch das Stakkato unseres modernen Lebens neigen wir dazu, uns selbst zu überholen. Die unverzügliche Erfüllungserwartung an sich und an andere ist hoch. Alles muss schnell gehen. Am besten sofort und auf hohem Niveau. Am liebsten springen wir von einem Gipfel zum nächsten. Dass dazwischen immer ein Tal liegt, entspricht nicht mehr dem aktuellen Idealbild. Geduld in diesem Shortcut bedeutet nicht, nach mediterraner Mentalität alles auf „mañana“ zu verlegen. Geduld hilft, sich selbst und anderen die nötige Zeit einzuräumen. Sie stellt einen gesunden Gegenspieler zu Hektik, krankhaftem Ehrgeiz und innerem Zwang dar.
Rom wurde auch nicht an einem Tag erbaut. Bewahren Sie sich in jedem Fall den Spaß bei der Sache. Auch dann, wenn Sie auf Widerstand stoßen. Haben Sie Geduld mit sich und anderen. Wer zu ungeduldig ist, wird von gemütlicheren Zeitgenossen ausgebremst. Im Nachhinein wünscht man sich, in manchen Momenten mehr Geduld gehabt zu haben. Beispielsweise, wenn man auf den Vordermann mit dem Wagen aufgefahren ist. Ich habe fast 20 Jahre in Köln gelebt und viel von den Rheinländern gelernt. Unter anderem zwei der zehn kölschen Gebote: „Et es, wie et es“ verhilft dem Kölner zu einer realistischen Einschätzung einer Situation und mit „Et kütt, wie et kütt“ zu einem optimistisch-entspannten Blick in die Zukunft. Vom Rheinländer kann man nicht nur in Sachen Frohsinn, sondern auch in Sachen Geduld etwas lernen.

Kurzformel

Unterscheiden
Bewerten
Zeitdruck rausnehmen
Atmen
Positive Verstärkung

Kerngedanke

Ungeduld zerstört Vertrauen.
Ungeduld überträgt sich und erzeugt Stress bei anderen.
Das notwendige Entwicklungsplateau im Lernprozess wird oft unterschätzt.
Unrealistische Ziel- und Terminplanung vermeiden.
Pflegen Sie den optimistischen Ausblick der Kölner: „Et kütt, wie et kütt“.
Haben Sie mit sich selbst Geduld.

*„Einer Straßenbahn und einer Aktie darf man nie nachlaufen.
Nur Geduld: Die nächste kommt mit Sicherheit".*

André Kostolany (1906–1999)

„Der Mensch hat das Warten verlernt, darin liegt das Grundübel unserer Zeit."

William Somerset Maugham (1874–1965)

„Niemand außer uns selbst kann uns beherrschen.
Wenn wir das verstehen, werden wir frei."

BUDDHA

Die Shortcut-Kurzformeln im Überblick

1. Ent-Sorgen:

Mentalbremsen aufschreiben, durchstreichen und wegwerfen.

2. „Moment of Excellence“:

Rufen Sie mit Ihren drei Ankern (Bewegungsanker, Schlüsselwort, Erfolgsbild) Ihren „Moment of Excellence“ ab und erleben ihn mit allen Sinnen.

3. Ego überwinden:

Beschützter Zustand
Andere unterstützen und Ziel fokussieren
Aufmachen und offen sein
Ihr **b**estes *Ich* sprechen lassen
Merkwort: **BAAb**

4. Reframing:

Fragen führen zu neuen Blickwinkeln
Neubewerten der Situation
Übertragen der neuen Bewertung

5. Lebensfreude:

Glücksdefinition + Vorfreude + Musik + Springen + Freudenlaut

6. Begeisterung:

Aktivieren Sie die Begeisterung mit Fragen und Antworten.
Verkörpern Sie die Begeisterung mit Haltung und Stimme.

7. Zielsetzung:

Ziel mit Deadline fixieren
Ist-Situation
Hindernisse
Mentale Stärke
Teilziele und Resultateplan
Leicht zu merken: **ZIHMT**: Zimt mit „h“

8. Konzentration:

Fokussieren Sie Körper, Geist und Herz durch Vorstellung, Selbstgespräch und Körperregulation auf das Hier und Jetzt.

9. Flow:

Freiwilligkeit + Offenheit + Konzentration + Begeisterung + Zielbewusstsein + Tanzen/Springen + Lieblingsmusik

10. Selbstbewusstsein:

Hand aufs Herz + Atmen + Glaubenssatz mitten ins Herz + Referenzen abrufen

11. Entstressen:

Ort der Entspannung suchen
Muskeln anspannen
Ausatmen
Tief einatmen: Bauch-, Brust- und Schlüsselbeinatmung
Entspannen: Alle Muskeln ganz locker, speziell die Kiefermuskulatur!
Selbstinstruktion und Codewort
Merkwort: **OMATES**

12. Geduld:

Unterscheiden
Bewerten
Zeitdruck rausnehmen
Atmen
Positive Verstärkung

Schlusswort

Ursprünglich kreierte ich die mentalen Shortcuts für meine Klienten im Coaching. Ich beobachtete, wie sie damit immer erfolgreicher wurden. Gelegentlich probierte ich selbst eine dieser Formeln aus und lernte so ihre starke Wirksamkeit kennen und schätzen. Heute nutze ich die hier vorgestellten zwölf Shortcuts selbst intensiv. Es macht mir enormen Spaß, je nach Situation von einem in den anderen Zustand zu wechseln. Durch die Shortcuts habe ich nicht nur in einzelnen Situation mehr Kraft. Nein, meine gesamte Lebensenergie hat sich verbessert. Ich fühle mich zwanzig Jahre jünger. Daraus möchte ich kein Produktversprechen machen, sondern Sie einfach einladen, die Technik auch auszuprobieren. Beobachten Sie, wie sie bei Ihnen wirkt, und wenn Sie möchten, schreiben Sie mir von Ihren Erfahrungen.
Der freie Wille liegt in der Natur des Menschen. Unfreiheit wird nicht von widrigen Umständen bestimmt, sondern durch blockierende Gedanken und Gefühle. Um wirklich frei zu sein, müssen wir uns frei machen von unseren Launen und dem Glauben, nichts verändern zu können. Unser wahres Wesen können wir nur entdecken, wenn wir überholte Muster abstreifen und uns von inneren Beschränkungen befreien. Die bewusste Herrschaft über Körper, Geist und Gefühle ermöglichen ein erfülltes Leben.

Jeder Krieger weiß: Mit schlechten Waffen wird man nie gut kämpfen. Deshalb ziehen auch Sie nur mit einem starken Geiste in Ihren Alltag. Training hilft Menschen, sich auf Leistungssituationen vorzubereiten. Sie können diese Situation dann besser bewältigen und erfolgreicher sein. Die Shortcuts machen Sie nicht nur aktiv, sondern auch produktiv. Sie schenken Ihnen bessere Resultate, mehr Erfolg und ein unwiderstehliches Charisma. Mit diesem Plus an Ausstrahlung kommen Sie schneller voran und sind gleichzeitig Vorbild für andere.

Die Voraussetzung dafür ist die mentale Vorbereitung im Vorfeld. Wissen Sie noch, wann Noah seine Arche baute? Vor der Sintflut. Bauen Sie Ihre mentale Arche, bevor Sie wieder in eine Krisensituation geraten. Bei einem Notfall haben Sie keine Zeit, im Buch nachzuschlagen. Haben Sie den entsprechenden Shortcut jedoch eintrainiert, ist er abrufbereit auf Ihrer Menüleiste. Mentale Kraft entsteht nun mal durch mentales Training. Wenn Sie nichts tun, tut sich auch nichts. Und Sie wissen ja: Das Glück bevorzugt den, der vorbereitet ist.

Ich hoffe, die Shortcuts haben Sie inspiriert, mental stärker zu werden. Wenn Sie noch Fragen haben, senden Sie mir einfach eine Mail am: ts@enerise,de

Ich lebe für meine Aufgabe, Menschen zu helfen, mehr aus ihrem Potenzial zu machen. Deshalb lade ich Sie ein, weitere Informationen zu meinen Schulungen, Seminaren und Coachings sowie Lehrmaterialien wie Downloads und CDs abzurufen unter: www.enerise.de

Ich wünsche Ihnen viel Erfolg und alles Glück dieser Erde bei Ihrem Denken, Wirken und Tun.

Ihr
Thomas Schlechter

Literaturliste

Alexander, Frederick. M.: „Der Gebrauch des Selbst", Kösel-Verlag, München, 2001

Arden, Paul: „Es kommt nicht darauf an, wer du bist, sondern wer du sein willst", Phaidon Verlag, Berlin, 2005

Bandler, Richard/Grinder, John: „Reframing: Neuro-Linguistic Programming and the Transformation of Meaning", Real People Press, Moab, Utah, 1982

Bandler, Richard/John Grinder: „Reframing. Ein ökologischer Ansatz in der Psychotherapie (NLP)", Junfermann, Paderborn, 2005, 8. Auflage

Bandler, Richard/Grinder, John: „Neue Wege der Kurzzeittherapie. Neurolinguistische Programme", Junfermann, Paderborn, 1997

Beck, Aaron. T.: „Cognitive Therapy and the Emotional Disorders", New York: International Universities Press, 1976 (Deutsch: „Wahrnehmung der Wirklichkeit und Neurose. Kognitive Psychotherapie emotionaler Störungen", Pfeiffer, München 1979)

Birkenbihl, Vera F.: „Freude durch Stress", mvg, Landsberg, 2002

Black, Octavius/Bailey, Sebastian: „Mindgym – der Personalcoach für Kopf und Seele", Piper, München, 2007

Blanchard, Ken & Partners: „Führung der One Minute Manager rechnet ab" (Der Bestseller „Leading at a Higher Level" endlich in Deutsch), Pearson Education Deutschland GmbH, München, 2008

Carnegie, Dale: „Sorge dich nicht – lebe!", Fischer Verlag, Frankfurt/Main, 2012

Csikszentmihalyi, Mihaly: „Flow. Das Geheimnis des Glücks", Klett-Cotta, Stuttgart, 1998

Dilts, Robert B.: „Identität, Glaubenssysteme und Gesundheit. Höhere Ebenen der NLP-Veränderungsarbeit", Junfermann, Paderborn, 1997

Dilts, Robert B.: „Die Veränderung von Glaubenssystemen", Junfermann, Paderborn, 2010

Eberspächer, Hans: „Gut sein, wenn's drauf ankommt", Carl Hanser Verlag, München, 2004

Eberspächer, Hans: „Ressource Ich", Carl Hanser Verlag, München, 2002

Enkelmann, Nikolaus B.: „Die Macht der Motivation", mvg, Frankfurt/Main, 2002

Erickson, Milton, und Sidney Rosen (Hrsg.): „Die Lehrgeschichten von Milton H. Erickson", Iskopress, Salzhausen 1994, (Nachdruck 2006)

Frädrich, Stefan: „Günter, der innere Schweinehund hat Erfolg", Gabal-Verlag GmbH, Offenbach, 2007

Franckh, Pierre: „Das Gesetz der Resonanz", Koha, Burgrain, 2009, 3. Auflage

Freitag, Erhard F.: „Kraftzentrale Unterbewußtsein – Der Weg zum positiven Denken", Wilhelm Goldmann Verlag, München, 1983

Frester Rolf/Wörz Thomas: „Mentale Wettkampfvorbereitung", Vandenhoeck & Ruprecht, Göttingen, 2003

Geoffroy, Edgar K: „Ich will nach oben", Verlag Moderne Industrie, Landsberg, 2000

Grillparzer, Marion: „Körperwissen", Gräfe und Unzer, München, 2007, 5. Auflage

Heckhausen, Jutta, und Heckhausen, Heinz: „Motivation und Handeln", Springer, Berlin, Heidelberg, 2010, 4. Auflage

Hill, Napoleon: „Denke nach und werde reich", Knaur, München, 1989

Heuler, Oliver: „Jenseits der Scores“, Golf-Forum, Göhren-Lebbin, 2002

Holler, Johannes: „Das neue Gehirn“, Jungfermann, Paderborn, 1996

Holler, Johannes: „Brainfood für Manager“, Wirtschaftsverlag Langen Müller/ Herbig, München, 1992

Krumm, Rainer: „Mentales Training für Piloten“, Motorbuch Verlag, Stuttgart, 2009

Kuby, Clemens: „Mental Healing – Das Geheimnis der Selbstheilung“, Kösel, München, 2010

Küstenmacher, Werner Tiki/Seiwert, Lothar: „Simplify Your Life – Einfacher und glücklicher leben“, Frankfurt, Campus, 2002

Lama, Dalai: „Der Weg zum Glück“, Herder Verlag, Freiburg, 2002

Lay, Rupert: „Meditationstechniken für Manager“, Ullstein Verlag, Berlin, 1997

Lipton, Bruce H.: „Intelligente Zellen – Wie Erfahrungen unsere Gene steuern“, Koha, Burgrain, 2009, 8. Auflage

Loehr, James E.: „Die neue mentale Stärke“, BLV Verlagsgesellschaft mbH, München, 2003

Lois, George: „Verdammt gute Tipps (für Leute mit Talent!)“, Phaidon Verlag, Berlin, 2012

Lundin, Stephen C./Paul, Harry/Christensen, John/Güthert, Daniel: „Für immer Fish!“, Campus, Frankfurt/Main, 2004

Maslow, Abraham H., und Kruntorad, Paul: „Motivation und Persönlichkeit“, rororo, Reinbek, 1981

Oesch, Emil: „Die Kunst, Zeit zu haben“, Oesch Verlag, Egg/Schweiz, 1999

Peters, Thomas J./Waterman, Jun.: „Auf der Suche nach Spitzenleistungen“, Moderne Industrie, Landsberg, 1993

Prisching, Manfred: „Das Selbst, die Maske, der Bluff", Molden Verlag, Wien, 2009

Robbins, Anthony: „Das Robbins Power Prinzip", Wilhelm Heyne Verlag, München, 1991

Roberts, Monty: „Das Wissen der Pferde", Bastei Lübbe, Köln, 2005

Schlechter, Thomas: „Das Drehbuch meines Lebens", Eigenverlag, Köln, 2004

Schlechter, Thomas: „enerise® your life", Hör- und Lernprogramm mit 4 CDs, Blue Wing Verlag, Köln, 2009

Schulz von Thun, Friedemann: „Miteinander reden, Band 1+2", Rowohlt, Reinbek 1981 und 1989

Sher, Barbara: „Wishcraft – Wie ich bekomme, was ich wirklich will", dtv, München, 2010

Suinn, Richard M.: „Übungsbuch für Mentales Training", Verlag Hans Huber, Bern, 1989

Tan, Chade-Meng: „Search Inside Yourself", Arkana Verlag, München, 2012

Tepperwein, Kurt: „Krise als Chance", mvg, München, 2011

Tolle, Eckhart: „Jetzt! Die Kraft der Gegenwart (Ein Leitfaden zum spirituellen Erwachen)", Kamphausen-Verlag, Bielefeld, 2003, 7. Auflage

Von Münchhausen, Marco: „Die vier Säulen der Lebensbalance", Ullstein, München, 2003

Von Münchhausen, Marco: „ So zähmen Sie Ihren inneren Schweinehund", Campus, Frankfurt/Main, 2002, 5. Auflage

Vujicic, Nick, und Müller, Julian: „Mein Leben ohne Limits: Wenn kein Wunder passiert, sei selbst eins!", Brunnen-Verlag, Gießen, 2012

Ziglar, Zig: „Der totale Verkaufserfolg", Redline, Frankfurt/Main, 2006

Erlernen und trainieren Sie die mentalen Shortcuts spielend leicht im Videotraining

Damit ...

... bringen Sie sich punktgenau in Bestform.

... steigern Sie sofort Ihre Leistungsfähigkeit.

... erhöhen Sie Ihre Kreativität.

... verbessern Sie die Selbstregulation.

Verzichten Sie nicht weiter auf dieses Know-how!
Mit mentalen Shortcuts werden Sie mit Leichtigkeit glücklicher, gesünder und erfolgreicher.

www.mentale-shortcuts.de

Wie Sie mentale Kraft nachhaltig entwickeln und sich selbst motivieren

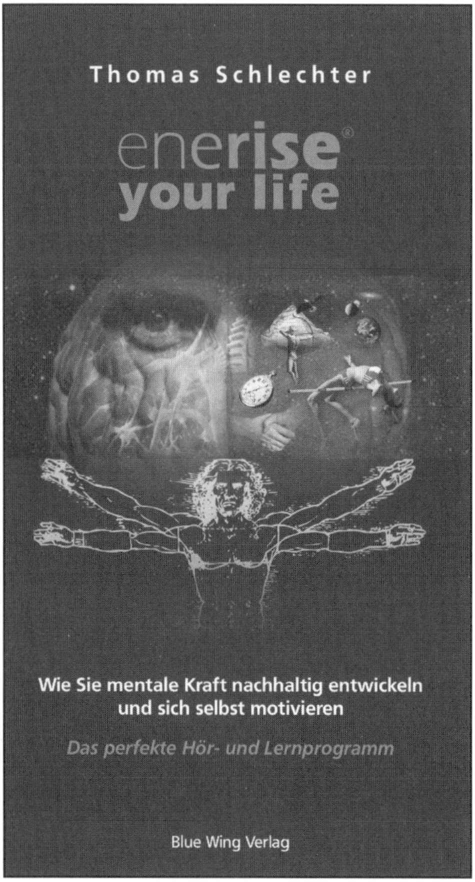

enerise® your life
Das perfekte Hör- und Lernprogramm
von Thomas Schlechter